W9-AMX-286

WITHDRAWN

BLASON POPULAIRE DE LA FRANCE

This is a volume in the Arno Press collection

INTERNATIONAL FOLKLORE

Advisory Editor
Richard M. Dorson

Editorial Board
Issachar Ben Ami
Vilmos Voigt

*See last pages of this volume
for a complete list of titles*

BLASON POPULAIRE

DE LA FRANCE

H. GAIDOZ ET PAUL SÉBILLOT

ARNO PRESS

A New York Times Company

New York / 1977

Editorial Supervision: LUCILLE MAIORCA

———◆———

Reprint Edition 1977 by Arno Press Inc.

Reprinted from a copy in
  The University of Georgia Library

INTERNATIONAL FOLKLORE
ISBN for complete set: 0-405-10077-9
See last pages of this volume for titles.

Manufactured in the United States of America

———◆———

Library of Congress Cataloging in Publication Data

Gaidoz, Henri, 1842-1932.
  Blason populaire de la France.

  (International folklore)
  French and/or other European languages.
  Reprint of the 1884 ed. published by L. Cerf, Paris.
  Bibliography: p.
  1. Aphorisms and **apothegms.** 2. Proverbs, French.
3. National characteristics--Quotations, maxims. etc.
I. Sébillot, Paul, 1846-1918, joint author. II. Title.
III. Series.
PN6322.G3 1977   398.9   77-70595
ISBN 0-405-10093-0

LA FRANCE MERVEILLEUSE ET LÉGENDAIRE

Par H. GAIDOZ et Paul SÉBILLOT

I

BLASON POPULAIRE

DE LA FRANCE

LA FRANCE MERVEILLEUSE ET LÉGENDAIRE

Par H. GAIDOZ et Paul SÉBILLOT

BLASON POPULAIRE

DE LA FRANCE

PAR

H. GAIDOZ et Paul SÉBILLOT

PARIS

LIBRAIRIE LÉOPOLD CERF

13, RUE DE MÉDICIS, 13

—

1884

Tous droits réservés.

PRÉFACE

De tout temps les hommes ont aimé à médire de leur prochain, à le *blasonner*, pour employer un bon vieux mot d'une époque où notre langue était moins prude et plus gaie. La plaisanterie ne s'échange pas seulement d'homme à homme et de maison à maison, elle est plus vive et plus mobile, elle court de village à village, de province à province, de peuple à peuple. Tantôt elle exprime par un mot expressif le défaut ou la qualité — mais le plus souvent le défaut — qui semble le trait héréditaire et dominant des hommes d'une race ou des habitants d'une province. Il y a chance pour que la médisance grandisse démesurément le défaut qu'elle met en relief : c'est une sorte de caricature en paroles ; et le sobriquet ou le dicton, une fois créé, s'impose à l'usage de la langue et court le monde. Souvent il doit simplement son origine

à un jeu de mots, à une aventure plaisante, à un
événement historique.

Il y a dans tout pays et dans toute province des
villes ou des villages qui à ce jeu sont plus mal
partagés que d'autres. Il court par le monde un
certain nombre d'histoires facétieuses et de contes
comiques où l'on se gausse de la naïveté des habitants d'un endroit, d'une sorte de *Calinopolis*.
Dans chaque province, ces histoires sont attri-
buées à une seule ville dont on fait la victime et le
souffre-douleurs de la raillerie commune. Le lecteur en rencontrera plus d'une ici au hasard de
sa lecture : mais qu'il ne les croie pas indigènes.
On a retrouvé ces joyeusetés dans toute l'Europe
et aussi en Asie ; on les retrouverait ailleurs
encore en prenant la peine de les chercher. Si
Saint-Maixent est célèbre en Poitou[1], il ne l'est
pas plus que Gotham en Angleterre, que Dom-
nau en Prusse, que Sivri-Hissar en Turquie, que
Chelbun en Syrie. Toutes ces histoires ont amusé
bien des générations, et on les lit déjà dans
des recueils de facéties des xve et xvie siècles.
Les auteurs de ces livres les avaient eux-mêmes
empruntés aux récits de la gaieté populaire, et
nous croyons volontiers que quand les Grecs se
moquaient de la naïveté des habitants d'Abdère ou
de la simplicité des provinciaux d'Arcadie, ils ra-

[1] Voir page 258.

contaient sur eux quelqu'un de ces *bêtisiana* qui pour être vieux et usés n'en font pas moins rire.

Les écrivains anciens jugeaient ces histoires trop peu sérieuses et sans doute aussi trop connues pour en faire des traités : le plus souvent ils n'y font qu'allusion ; mais ces railleries n'en avaient pas moins cours et les victimes en portent encore le poids dans l'histoire. Les Béotiens en savent quelque chose, car la raillerie qui les poursuivait a survécu à la Grèce même et elle a reçu comme un brevet d'immortalité. Béotien est devenu synonyme de lourd et peu lettré : ce jugement est-il bien mérité ? On est tenté d'en douter en admirant ces délicieuses terres cuites de Tanagra, œuvre de l'art béotien qu'un heureux hasard a exhumées il y a quelques années et qui furent une des surprises de l'Exposition Rétrospective de 1878. On eût dit que l'esprit de Grévin et la main de Prudhon s'étaient unis pour faire vivre ce monde et ce demi-monde féminin de la Grèce antique, si gracieux d'allure et si nouveau de fantaisie. Cette découverte archéologique a été la revanche des Béotiens, et si les morts pouvaient parler, combien d'autres protesteraient aussi contre leur réputation posthume ! Les citadins de Sybaris ne voudraient pas du nom de Sybarites, et les habitants de Soles en Cilicie se plaindraient qu'on donne à une faute contre la syntaxe le nom de solécisme, c'est-à-dire « expression de Soles ».

Les hommes se sont donc blasonnés de tout temps. Heureux quand ces sobriquets ne sont pas des injures sanglantes ou qu'ils n'expriment pas des haines nationales ou religieuses toujours prêtes à éclater ! Notre pays, heureusement, ne connaît plus ces accès de frénésie populaire au simple nom de juif ou de parpaillot, comme nous en voyons éclater souvent encore dans l'Europe Orientale, ou du moins il ne les connaît que pour des causes politiques ou sociales, ce qui est incontestablement un progrès. Les noms et les sobriquets qui expriment ces haines de race, de religion ou de provinces ont survécu aux sentiments qui les inspiraient, et ceux-mêmes qu'ils devraient irriter ont le bon sens de ne plus se sentir atteints. Ce n'est pas que ces noms ne soient quelquefois un embarras pour la langue où ils subsistent comme une injure et une calomnie vivante.

Il y a, par exemple, un mot qui forme comme une tache dans notre langue, et une tache qui ne peut plus ni se cacher, ni s'effacer, c'est le terme de *Grec* dans le sens d' « aigrefin » et de « tricheur au jeu ». Quelle en est l'origine ? *Grec*, dans notre langue, signifia d'abord « habile », et cette expression était une sorte d'hommage inconscient à la finesse et à l'habileté du caractère grec.

Mais l'amour, n'est-ce pas une ardeur inquiète ?
Car j'y suis grec, depuis que j'en tiens pour Lisette.

Ainsi parle un personnage dans une comédie, et dans une autre (celle-ci de Regnard) le héros s'écrie :

Nous sommes un peu grec sur ces matières-là ;
Qui pourra m'attraper bien habile sera !

Le mot entré dans l'usage, on dit « grec au jeu » pour dire « habile au jeu », sorte d'euphémisme pour désigner celui qui « corrige la fortune au jeu », et pour peu qu'on lise les mémoires des derniers siècles, par exemple ceux de Grammont, on constate que ces artifices n'étaient pas absolument condamnés par la morale de la cour. On pouvait être un « honnête homme » au sens que le grand siècle donnait à ce mot, tout en étant « grec au jeu ». De « grec au jeu » on en vint bientôt à dire « grec » tout court, et notre langue compta un mot de plus. Depuis que la Grèce est ressuscitée, qu'il y a une nation grecque et que cette nation s'est liée à la France par une sympathie d'autant plus précieuse qu'elle vient de plus loin, depuis surtout que deux cents volontaires grecs (de vrais Grecs ceux-là !) sont morts pour la France dans la campagne de 1870-71, ce mot de grec est une injure gratuite à la Grèce, et les mots d'aigrefin ou de tricheur pourraient aisément le remplacer ; mais il n'est pas plus aisé de retirer un mot une fois adopté par le langage qu'il ne serait de reprendre une bague emportée par le flot de l'Océan !

On a plusieurs fois raconté une anecdote qui, pour être assez connue, n'en sera pas moins à sa place ici.

Au siècle dernier, un officier français, après avoir tué un adversaire en duel, fut forcé de quitter le service et son pays. Il alla à Berlin, ville alors plus française qu'allemande ; l'ambassadeur français le recommanda et le présenta au Grand Frédéric. Le roi lui demanda pourquoi il avait quitté l'armée française : « Sire, dit l'officier, j'étais dans un café à Metz avec plusieurs officiers de la garnison ; j'eus une querelle avec un de mes camarades et dans la chaleur de la discussion, je lui dis qu'il n'entendait pas plus raison qu'un Suisse. Un officier suisse qui était là, se sentit offensé par le mot ; il me chercha une querelle d'Allemand, nous nous battîmes et je le tuai ». Le roi ne put s'empêcher de remarquer le mot de *querelle d'Allemand* et il dit à l'officier français : « Il me semble que vous n'avez pas de bonheur avec les proverbes ».....

Nous espérons en avoir davantage, mais les auteurs et l'éditeur dégagent leur responsabilité personnelle des proverbes et des dictons qui sont recueillis dans ce volume. Le véritable auteur de ce livre, c'est Tout-le-Monde ; nous n'avons fait que tenir la plume sous sa dictée et c'est à lui que les critiques et surtout les cartels devront être adressés. Nous nous bornerons à prévenir que c'est ici une « école de la médisance » une *School for Scandal* comme disait un écrivain anglais.

Nous n'avons pas borné notre tâche aux dictons ethnographiques, nous avons aussi, lorsque nous les trouvions sur notre chemin, donné des dictons proprement géographiques, de ces dictons qui en quelques mots, rendus plus expressifs par le rythme, caractérisent la nature d'un pays, la majesté d'un mont ou l'impétuosité d'un fleuve. Il nous semble que sur ce chapitre les professeurs de géographie pourraient faire d'utiles emprunts à la muse populaire, et que tel dicton en apprendrait plus à un écolier que de longues phrases qui s'oublient.

Nous ne nous dissimulons pas les défauts de notre œuvre et sans doute on y signalera des lacunes. Nous n'avons voulu faire qu'une anthologie et, de plus, nous ne pouvions le plus souvent que mettre en œuvre des publications locales, et ces sources même étaient quelquefois assez pauvres. Non qu'il y ait des provinces ou des pays qui n'aient pas de blason populaire, mais c'est qu'on n'a pas partout daigné le recueillir. Nous avons surtout ressenti l'absence d'enquêtes préparatoires pour plusieurs sections de nos Frances d'Outre-mer et aussi pour plusieurs pays d'Europe, comme les îles Anglo-Normandes et les Vallées Françaises du Piémont qui sont de notre race et de

notre langue et forment comme des provinces de
la France Extérieure [1].

Notre travail résume dans son ensemble le blason populaire de la France ; nous serions heureux
qu'il suscitât des enquêtes locales plus approfon-
dies et où l'histoire viendrait éclairer l'origine et
la vogue des dictons, et qu'on voulût bien nous
adresser (par l'intermédiaire de notre éditeur) des
compléments utiles à notre œuvre. Peut-être
même, si le public fait bon accueil à cette anthologie, pourrons-nous donner un jour une édition
augmentée de ce livre.

---

[1] Comme ce livre est destiné à pouvoir être mis dans toutes les
mains, nous n'y avons pas fait entrer les dictons un peu trop salés
que nous avons rencontrés au cours de nos lectures. Ils vont paraître
dans une revue qui s'adresse seulement au public érudit, la *Revue
de Linguistique.*

BIBLIOGRAPHIE

DES PRINCIPAUX OUVRAGES CITÉS

BAISSAC, *Essai sur le créole mauricien*. Maisonneuve, 1883, in-12.

BARJAVEL, *Dictons et sobriquets patois du Vaucluse*. Carpentras, 1848-1853, in-8°.

BÉRONIE, *Dictionnaire du patois du Bas-Limousin*. Tulle, s. d., in-4°.

BLADÉ, *Proverbes recueillis en Agenais*. Paris, Champion, 1880, in-8°.

BLAVIGNAC, *L'Empro genevois*. Genève, 1879, in-12.

CANEL, *Blason populaire de la Normandie*. Rouen, 1859, 2 vol. in-8°.

CLÉMENT-JANIN, *Sobriquets des villes et villages de la Côte-d'Or* (en quatre parties). Dijon, 1876 à 1880, 4 vol. in-8°.

CORBLET, *Glossaire étymologique du patois picard*. Amiens, 1851, in-8°.

CORDIER, *Etudes sur le dialecte du Lavedan*. Bulletins de la Société Ramond, 1878, t. II.

CRAPELET, *Remarques sur quelques locutions et proverbes du moyen âge*. Paris, 1831, in-8°.

DUEZ, *Dictionnaire Italien-Français*. Genève, 1678.

FLEURY DE BELLINGEN, *Étymologie ou explication des proverbes français*. La Haye, 1656, in-12.

FOURTIER, *Dictons de Seine-et-Marne*. Provins et Paris, 1873, in-8°.

HÉCART, *Dictionnaire Rouchi*, Valenciennes, 1834, in-8°.

HONNORAT, *Dictionnaire provençal-français*. Digne, 1846, in-4°.

JAUBERT (comte), *Glossaire du Centre*. Paris, s. d., 2 vol. in-8°.

LE GAI (Hilaire), *Petite Encyclopédie des proverbes français*. Passard, 1860, in-32.

LEROUX, *Dictionnaire comique, satirique et critique*. Pampelune, 1786, 2 vol. in-8°.

LEROUX DE LINCY, *Le livre des proverbes français*. Paris, Delahaye, 1857, 2 p. in-12.

Le véritable Sancho Pança. Hachette, 1856, in-12.

MATTEI, *Proverbes Corses*. Maisonneuve, 1867, in-8°.

MENIÈRE, *Glossaire angevin étymologique*. Angers, 1880, in-8°.

MÉRY, *Histoire générale des proverbes*. 3 vol. in-8°, Paris, 1828.

MIR, *Glossaire des comparaisons narbonnaises* (dans la *Revue des langues romanes*, t. VII et VIII).

MISTRAL, *Lou thesor dou Felibrige*. Avignon, 1883, in-4°.

OLRY, dans le *Journal de la Société d'archéologie lorraine* de 1882.

OUDIN, *Curiosités françoises.* Paris, 1640, in-12.

PERRON, *Proverbes de la Franche-Comté.* Besançon et Paris, 1876.

REINSBERG-DÜRINGSFELD, *Internationale Titulaturen.* Leipzig, 1853, 2 vol. in-18.

SAUVÉ, *Lavarou-Koz a Vreiz-Izel.* Champion, 1878, in-8º (tirage à part de la *Revue celtique*).

DE SOLAND, *Proverbes et dictons rimés de l'Anjou.* Angers, 1858, in-12.

TOSELLI, *Proverbes Niçois.* Nice, 1878, in-8º.

TUET, *Matinées Sénonoises,* Paris, 1789, in-8º.

VAYSSIER, *Patois de l'Aveyron.* Rodez, 1879, in-4º.

PREMIÈRE PARTIE

———

LA FRANCE ET LES FRANÇAIS

LA FRANCE ET LES FRANÇAIS

———

1

Il n'est comté que de Flandres,
Duché que de Milan,
Royaume que de France.

(XVIᵉ siècle.)

2

— L'empereur d'Allemagne est le roy des roys, le roy
d'Espagne le roy des hommes, le roy de France le roy
des asnes et le roy d'Angleterre le roy des diables.

Quoique cela ne soit pas un proverbe, on peut citer le mot
célèbre de l'empereur Charles-Quint sur les principales langues
de l'Europe, quand il disait qu' :

« Il fallait parler espagnol à Dieu, italien aux femmes,
français à ses amis, anglais aux oiseaux et allemand aux
chevaux. »

On dit de même en persan : « Le serpent qui a séduit Eve
lui parlait arabe ; Adam et Eve se parlaient amour en persan ;
et l'ange qui les a chassés du Paradis, leur a parlé turc. »
(Reinsberg-Düringsfeld, II, 95.)

3

Italia para nacer, Francia para vivir, España para morir.

Italie pour naître (à cause de la douceur du climat), *France pour vivre* (à cause de l'agrément de la vie), *Espagne pour mourir* (à cause de la dévotion).

(Espagnol.)

4

Portugal é um ovo,
A Hispanha uma peneira,
A França uma eira.

Le Portugal est un œuf, — l'Espagne est un tamis, — la France est une aire.

Allusion à la proportion géographique des trois pays, quoiqu'elle ne soit pas exacte.

(Portugais.)

5

a) L'Italien est sage devant la main, l'Allemand sur le fait et le Français après le coup.

b) Gl'Italiani saggi innanzi il fatto, i Tedeschi nel fatto, i Francesi dopo il fatto.

(Italic.)

c) L'Italian es sage avans de faire uno causo, l'Alemand quouro la fai, e lou Francés quouro l'a facho.

(Nice.)

d) The Italian is wise before he undertakes a thing, the German when he is doing it, and the Frenchman when it is over.

(Anglais.)

6

Pourquoy dit-on : l'Espagnol mange, l'Allemand boit e le Français s'accommode à tout et on le nomme le singe des autres nations.

(Fin du xvie siècle.)

7

Vif comme un Français, grave comme un Espagnol, rusé comme un Italien, hardi comme un Turc, fier comme un Ecossais.

(Fin du xviie siècle.)

8

Gli Spagnuoli s'accordano a bravare, i Francesi a gradire, gli Inglesi a mangiare, i Tedeschi a sbevazzare, e gli Italiani a pisciare.

Les Espagnols s'accordent à faire les braves, les Français à plaire, les Anglais à manger, les Allemands à boire et les Italiens à pêcher.

(Toscan.)

9

Le nazioni smaltiscono diversamente il dolore : Il Tedesco lo beve, il Francese lo mangia, lo Spagnuolo lo piange, e l'Italiano lo dorme.

*Les nations supportent diversement la peine : l'Allemand
la boit, le Français la mange, l'Espagnol la pleure, et l'Italien la dort.*

(Italie.)

10

Les Italiens dorment leur peine, les Espagnols la pleurent, les Français la chantent, les Allemands la boivent et
les Danois la font passer de ces quatre façons.

(Danois.)

11

Alle Brücken im Lande Polen,
Die Mönch' in Böheim unverholen,
Das Kriegsvolk aus Mittagland,
Die Nonnen in Schwaben wohl bekannt,
Der Spanier und Wenden Treu',
Der Preussen Glaub und fester Reu',
Der Franzosen Beständigkeit,
Und der Deutschen Nüchternheit
Sammt der Wahlen Andacht ;
Sind einer Bohne werth geacht't.

*Les ponts du pays de Pologne, — Les moines en Bohême,
— Les gens de guerre du Midi, — Les nonnes bien connues
de la Souabe, — La foi des Espagnols et des Slaves, — La
religion et le repentir des Prussiens, — La constance des
Français — et la sobriété des Allemands — avec la dévotion
des Wallons : — Tout cela ne vaut pas plus d'une fève.*

(Vieux dicton allemand.)

12

L'Italiano al cantare, i Francesi al ballare, i Spagnuoli
al bravare, i Tedeschi allo sbevacchiare ; si cognoscono.

L'Italien à chanter, les Français à danser, les Espagnols à se montrer fiers, les Allemands à boire, se reconnaissent facilement.

(Italie.)

13

— Les Italiens pleurent, les Allemands crient et les Français chantent.

14

Ce que l'Italien invente, le Français le fabrique, l'Allemand le vend, le Polonais l'achète, le Russe le pille.

(Tchèque et Polonais.)

15

Le savoir de l'Anglais est au bout de ses doigts, celui du Français au bout de sa langue.

(Russe.)

16

Si le diable tombait par terre et se cassait en morceaux la tête tomberait en Espagne (vu l'orgueil des Espagnols), le cœur en Italie (pays des brigandages et des trahisons), le ventre en Allemagne, les mains chez les Turcs et les Tatars pour piller et voler, les jambes chez les Français pour sauter et danser.

(Tchèque.)

17

Wenn der Däne verlässt seine Grütze,
Der Franzos seinen Wein,

Der Schwab die Suppen,
Und der Baier das Bier ;
So sind verloren alle vier.

*Quand le Danois abandonne son gruau, — le Français
son vin, — le Souabe la soupe — et les Bavarois la bière,
ils sont perdus tous les quatre.*

    (Allemand.)

18

Francesu este ca sòrecele, Englesu ca bròsca.
*Le Français est comme la souris, l'Anglais comme la gre-
nouille.*

    (Roumain.)

19

Ingles borracho,
Frances gabacho,
Hollandes mantequero,
Español gran caballero.

*Anglais ivrogne, — Français gavache, — Hollandais
beurrier (fabricant et marchand de beurre). — Espagnol
grand seigneur.*

    (Espagnol).

20

— Un don di Spagna, comte d'Allemagna, marchese di
Francia, vescovo d'Italia, cavaglier di Napoli, idalgo di
Portugallo, nobile d'Ungheria fanno una tal qual com-
pagnia.

*Un don d'Espagne, un comte d'Allemagne, un marquis de
France, un évêque d'Italie, un cavalier de Naples, un hi-*

*dalgo de Portugal, un noble de Hongrie, font une compagnie
telle. quelle.*

(Italie).

21

Signore spagnuolo e pasticiere francese.

Seigneur espagnol et pâtissier français.

(Italie.)

22

Francese furioso, Spagnuolo assennato, Tedesco sos-
pettoso.

Français furieux, Espagnol sensé, Allemand soupçonneux.

(Toscan.)

23

Le Français est alerte, mais le Russe est ferme.

(Russe.)

24

a) Furia francese e ritirata spagnola.

Furie française et retraite espagnole.

(Venise.)

b) Furia francese e ritirata tedesca.

Furie française et retraite allemande.

(Italie. Marche.)

25

Ceathar sagart gan a bheith santach,
Ceathar Francach gan a bheith buidhe,

'S ceathar gréasaidhe gan a bheith bréugach —
Sin dhá'r dhéag nach bh-furas i dtír.

Quatre prêtres qui ne sont pas avares,
Quatre Français qui n'ont pas le teint jaune,
Et quatre cordonniers qui ne sont pas menteurs —
Voilà douze hommes qu'on ne trouve pas aisément dans le
pays.

> (Irlandais.)

26

En Francia dicen 'mon diú',
En Italia, 'iusto chielo' ;
Y aquí decimos ; ca...ramba !
Y se hunde el mundo entiero.

En France on dit : mon Dieu ! — en Italie : juste ciel !
— nous disons : ca...ramba ! — et le monde entier s'écroule.

Ce dicton exprime l'énergie dont les Espagnols s'attribuent
l'avantage sur les Français et les Italiens.

> (Espagnol.)

27

a) Er lebt wie der liebe Gott in Frankreich.

Il vit comme le bon Dieu en France.

C'est-à-dire agréablement et en faisant bonne chère.

> (Allemand.)

b) Hij leeft als God in Frankrijk.

Il vit comme Dieu en France.

> (Hollandais.)

28

a) *La France est un pré qui se tond trois foys l'année.*

(xviᵉ siècle.)

Ce dicton vient d'une réponse de François Iᵉʳ à Charles–Quint lequel ayant demandé combien il levoit chaque année sur son royaume, répondit : Mon royaume est un pré, je le fauche quand je veux.

b) France is a meadow that cuts thrice a year.

(Anglais. xviiᵉ siècle.)

29

Li plus apert home en France.

Les hommes les plus francs et les plus ouverts sont en France.

(xiiiᵉ siècle.)

30

Filii nobilium, quum sunt majores, mittuntur in Franciam fieri doctores.

Les fils des nobles, quand ils sont grands, on les envoie en France pour s'y faire docteurs.

Ce dicton, répandu dans l'Europe du moyen–âge, exprimait la maîtrise intellectuelle de la France et de l'Université de Paris, la première des Universités d'Europe par ordre de date, et longtemps la première par importance.

31

Faire France ; — Réussir dans ce qu'on entreprend.

(Haute-Bretagne.)

32

On fait ici d'aussi bon pain qu'en France.

(Espagne. XVIe siècle.)

33

Furia francese.

Furie française.

(Italie.)

34

Francia, foco de paglia.

France, feu de paille.

(Italie. Marche.)

35

I ban coumo lous Franceses à la batalho.

Ils vont comme les Français à la bataille.

C'est-à-dire ils s'y précipitent.

(Languedoc.)

36

Si le diable sortait de l'enfer pour combattre, il se présenterait aussitôt un Français pour accepter le défi.

37

Zoo schieten de Franschen.

C'est ainsi que tirent les Français (crânement).

(Hollandais.)

38

Fransche bluf.

Bravade française.
(Hollandais.)

39

a) Fransche wind.
Vent français (fanfaronnade).
(Hollandais.)

b) Le vent français.

C.-à-d. léger comme un Français.
(Russie.)

40

C'est un véritable Français.

Se dit d'un homme hâbleur et léger.
(Russie.)

41

Voort, hoornbeest! zeî Frans, en hij schopte een slak weg.

Va-t'en, bête à cornes ! dit François au limaçon, et il lui donna un coup de pied. (La bravade française.)
(Hollandais)

42

a) Τόν Φράγκον φίλον ἔχε, γείτονα μή ἔχης.

Aie le Franc pour ami, ne l'aie pas vour voisin.

C'est un proverbe des Grecs de Byzance sur les Francs. Il nous est déjà donné par le chroniqueur Einhard (Eginhard) dans sa *Vita Caroli Magni*, quoique sous une forme corrompue par l'écrivain latin [1]. Ce proverbe est encore usité dans les Iles de l'Archipel grec, d'après un renseignement de M. G. Cardoni, directeur de l'Hestia.

b) Aie les Français pour amis, non pour voisins.

c) Li Francés pér ami, noun pér vesin, se podes.

(Nice.)

d) Heb den Franschman tot uw vriend, maar niet tot uw nabuur.

Bon ami le Français, mauvais voisin.

(Hollandais.)

43

As polite as a Frenchman.

Poli comme un Français.

(Etats-Unis.)

44

Het is geen wonder dat hij hoven kan : hij is in Frankrijk geweest.

Bien naturel qu'il sait faire la cour ; il a été en France.

(Hollandais.)

---

[1] Dans le texte d'Einhard (éd. Pertz et Waitz, Hanovre, 1880, p. 15) on le trouve sous cette forme : ΤΟΝ ΦΡΑΝΚΟΝ ΦΙΛΟΝ ΕΧΙΣ ΓΙΤΟΝΑ ΟΥΚ ΕΧΙΣ. Il est probable que le chroniqueur franc a confondu les deux conjonctions négatives du grec οὐκ et μὴ. Il n'y avait nul doute sur le sens ; car un manuscrit d'Einhard du IXᵉ ou Xᵉ siècle, ajoute au texte que la traduction latine : Francum amicum habeas, vicinum non habeas.

45

Hy is zoo bont als een Fransche markies, die in den Haag wil vrijen.

Il est bigarré comme un marquis français, qui veut faire la cour à La Haye.

(Hollandais.)

46

Hij maakt een Fransch saluut.

Il donne le salut français (il paie de compliments).

(Hollandais.)

47

She dances like a Frenchwoman.

Elle danse comme une Française.

(États-Unis.)

48

To take French leave.

Prendre congé à la française.

C.-à-d. prendre congé brusquement et sans rien dire, ou encore se passer d'une permission qu'on devrait demander.

(Anglais.)

49

A pleca frantudeste.

Partir à la française (c.-à-d. brusquement).

(Roumain.)

50

Dispedir-se á Franceza.

Faire ses adieux à la française (c.-à-d. brusquement, sans mot dire).

(Portugais.)

51

Franzosen und Spatzen fliehen die Einsamkeit, wie Mäuse die Katze.

Les Français et les moineaux fuient la solitude comme les souris fuient le chat.

(Allemand.)

52

Die Franzosen essen insgemein, die Engländer allein.

Les Français mangent en commun, et les Anglais à part.

(Allemand.)

53

Le Français toujours grouille, toujours grouille.

(Prov. sauvage de l'Amérique du Nord.)

54

Frantzosen mangelts an Gehirn.

Les Français manquent de cerveau.

(Allemand.)

55

Hij legt er de Fransche zweep overheen.

Il se sert du fouet français.

(Hollandais.)

56

Hij slaat den Franschen slag.

Il donne le coup de fouet français.

C.-à-d. il fait la chose légèrement, rapidement, sans y donner assez de soins.

(Hollandais.)

57

Dans les dictons populaires d'Alsace les Welches (c.-à-d. les Français d'outre-Vosges, les Français de langue française) ont pour qualité fondamentale l'esprit brouillon, le désordre.

Ä Welschi Husshaltung.

Un ménage à la Welche (c.-à-d. un ménage en désordre) [1].

Un cri moqueur dont on poursuit le Welche est :

Welscher Hanickel Gugummersalat.

Jean-Nicolas le Welche, salade de concombre [2].

Le pays du Welche s'appelle : Häckeland, « pays de broussailles », et le Welche est : ä Häckewälscher « un Welche de broussailles ».

---

[1] C'est ce qu'en allemand d'outre-Rhin on appelle *eine polnische Wirthschaft*, « un ménage à la polonaise ».
[2] Cette formulette est plus particulièrement appliquée aux Lorrains, chez lesquels le prénom de Nicolas est fréquent.

58

Οἱ Φραντσέσοι ὅταν πεινοῦσι,
Τάρλα τάρλα τραγουδοῦσι.

Quand les Français ont faim, ils chantent tralala.

(Santorin.)

59

Het is een leven van vroolijke Fransje.

C'est la vie du petit François sans soucis (la vie du gai Français).

Fransje pour Franschje, petit François pour petit Français.

(Hollandais.)

60

Bein canta o Francez, popo molhado.

Le Français chante bien quand son gosier est humecté.

(Portugais.)

61

Quand le Français dort, le diable le berce.

62

a) Francesu este mora stricata.

Le Français est un moulin détraqué (c.-à-d. très bavard).

(Roumain.)

b) Die Franzosen sprechen so schnell wie Kaffemülhen.

Les Français parlent aussi vite que des moulins à café.

    (Allemand.)

63

Vorbitoru ca unu francesu.

Bavard comme un Français.

    (Roumain.)

64

Franzosen und Frauen können leben ohne Brot, aber nicht ohne Wort.

Les Français et les femmes peuvent vivre sans pain, mais non sans parole.

    (Allemand.)

65

Mon frère ment comme un Français.

C'était le dicton des Peaux-Rouges auxquels les Canadiens répliquaient en disant : Menteur comme un sauvage.

66

Hij liegt als een Fransch bulletijn.

Il ment comme un bulletin français (depuis Napoléon Ier).

    (Hollandais.)

67

Et es fransösch.

C'est Français (c.-à-d. cela ne vaut pas grand'chose).

    (Proverbe de Meurs, Prusse Rhénane.)

68

Den Franzosen und dem Teufel ist nicht zu trauen.

Aux Français et au Diable il ne faut pas se fier.
  (Allemand.)

69

Dat is een Fransche eed.

Cela est un serment français (on ne saurait s'y fier).

On dit aussi « Britsche Eed », *c'est un serment anglais.*
  (Hollandais.)

70

F... é um Francez !

N... est un Français, c.-à-d. *un hypocrite.*
  (Portugais.)

71

Naar alle Fransche gedachten.

D'après toutes les opinions françaises (c.-à-d. c'est peu
probable).
  (Hollandais.)

72

Zoo menig een Franschman !

Ainsi tel Français ! (Il a trompé nos espérances).
  (Hollandais.)

73

Hij doet als de Franschen : als hij iets **medeneemt,
denkt hij,** dat hij iets vergeten heeft.

Il fait comme les Français, quand il vole quelque chose,
il s'imagine qu'il a oublié quelque chose.

    (Hollandais.)

74

    No compres mula en Teruel,
    Ni en Albarracin ganado,
    Ni en Francia tomes mujer,
    Que todo te saldrá malo.

N'achète pas de mule à Teruel, — ni de bétail à Albar-
racin, — et en France ne prends pas de femme, — car de
tout cela tu te trouveras mal.

Ce dicton exprime la répugnance populaire pour le mariage
avec une Française.

    (Espagnol.)

75

    Para borracho un Frances ;
    Para ladron un ventero ;
    Para mandar y dar palos
    Un cabo de escuadra nuevo.

Pour ivrogne un Français, — pour voleur un aubergiste,
— pour ordonner la bastonnade — un chef d'escadron nou-
veau au métier.

La sobriété augmente à mesure qu'on descend vers le midi :
l'Allemand et l'Anglais paraissent ivrognes au Français, et le
Français à l'Espagnol.

76

Is miosa 'fear beag na Frangcach.

Ce petit homme est pis qu'un Français.

Se disait d'un archer célèbre, John Mac Andrew.

(Gaelique d'Ecosse.)

77

Loop naar de Franschen !

Cours aux Français ! (allez au diable !)

(Hollandais.)

78

Het helpt zooveel alsof men een Franschman in de hel schopt.

C'est aussi inutile que de jeter (littéral. ruer à coups de pied) *un Français en enfer* (c.-à-d. ils y arrivent quand même).

(Hollandais.)

79

Maak dat het geld opkomt, eer de Franschen terug-komen.

Dépensez l'argent, avant que les Français reviennent.

(Hollandais.)

80

Isto aconteceu no tempo dos Francezes.

Cela est arrivé du temps des Français (c.-à-d. ancien-nement).

Allusion à la guerre péninsulaire (1807-1811). Cette expression répond à une autre plus ancienne : « Cela est arrivé du temps des Maures. »

(Portugais.)

81

Neo 'r thaing do rígh na Fraing, cha 'n 'eil mi 'n taing a shiúcair.

Pas de remerciements au roi de France, je n'ai pas besoin de son sucre.

Le dicton est moderne et se réfère probablement aux guerres du premier empire.

(Gaelique d'Ecosse.)

82

a) Fari lu Vespiri Sicilianu.

Faire les Vêpres Siciliennes.

Se dit à propos d'une bagarre ou d'un tumu e.

(Sicile.)

b) Far cantare il Vespro Siciliano.

Faire chanter les Vespres Siciliennes.

(Italie.)

c) Cantare ad uno il Vespro.

Chanter Vêpres à quelqu'un.

Cela signifie tuer quelqu'un.

(Italie.)

d) Il Vespro Siciliano.

Les Vêpres Siciliennes (synonyme de carnage).

(Italie.)

e) Vespre de Sicile, Matines de France.

Ls « Matines de France » sont la Saint-Barthélemy.

Ce dicton se retrouve en Italie :

f) Guardati da Mattutin di Parigi e da Vespri Siciliani.

Garde-toi des Matines de Paris et des Vêpres Siciliennes.

Ce proverbe se trouve aussi en espagnol :

g) De los Maitines de los Fariseos y de las Vésperas de los Sicilianos Dios te libre.

Des Matines des Pharisiens et des Vêpres des Siciliens, que Dieu te garde !

Par la similitude de sons, les Pharisiens y ont pris la place des Parisiens.

83

Manca ti fazzu diri ciciru.

Néanmoins je te ferai dire « ciciru » (c.-à-d. je te tuerai sur l'instant, je ne te donnerai pas le temps de répondre).

Allusion provenant des Vêpres Siciliennes. Pour reconnaître les Français on leur faisait prononcer le mot *ciciru*, « pois chiche », et quiconque le prononçait mal était aussitôt égorgé.

(Sicile.)

84

If that you will France win,
Then with Scotland begin.

Si vous voulez gagner la France, il faut commencer par l'Ecosse.

(Anglais.)

Fait allusion aux relations intimes d'autrefois entre l'Ecosse et la France, quand celle-là était gouvernée par ses propres souverains, c.-à-d. n'était pas encore réunie à l'Angleterre.

85

Se armó la de San Quintin.

Il s'arme à la Saint-Quentin (c.-à-d. il en fait une grande affaire).

Cette locution s'emploie à l'occasion d'une affaire importante dans laquelle on a eu le dessus. C'est une allusion à la bataille de Saint-Quentin, gagnée en 1557 par les Espagnols.

86

Is dat het punt van eer ? vroeg de Fransche generaal in de bataille van Senef, en hij stierf op een mesthoop.

Est-ce là le point d'honneur ? demanda le général français après la bataille de Séneffe, quand il mourut sur un fumier.

(Hollandais.)

87

Hij liep als de Franschen bij Waterloo.

Il courut comme les Français à Waterloo.

(Hollandais.)

88

Par de França.

Pair de France.

Se dit, en portugais, de personnes qui ont l'habitude d'être ensemble. Ce dicton provient probablement des livres populaires portugais sur Charlemagne et ses Pairs.

89

Hij maakt er geen Fransche furie van.

Il n'en fait pas une furie française.

La « furie française » bien connue est l'attentat par lequel le duc d'Anjou voulut surprendre Anvers en 1583, mais qui ne réussit pas. Cependant je ne crois pas, comme M. Harrebomée, que le proverbe doive son origine à ce fait historique. Je pense plutôt qu'il signifie généralement : il fait la chose sans entrain. (Note de M. Tiele.)

(Hollandais.)

90

Napoleon subió al cielo
A pedirle á Dios la España,
Y le respondió San Pedro :
? Quieres que te rompa el alma ?

Napoléon monte au ciel — pour demander à Dieu (de lui donner) l'Espagne, — et saint Pierre lui répond : — Est-ce que tu veux que je te casse les reins ? (litt. l'âme).

(Espagnol.)

91

La Virgen del Pilar dice
Que no quiere ser francesa :
Que quiere ser capitana
De la tropa aragonesa.

La Vierge du Pilier dit — qu'elle ne veut pas être Française — qu'elle veut être capitaine — de la troupe aragonaise.

Allusion au siège célèbre de Saragosse : la défense héroïque de cette ville par Palafox fut attribuée par le peuple à la protection de la Vierge du Pilier, patronne de la ville.

(Espagnol.)

92

Jacques Bonhomme.

Nom du personnage légendaire dans lequel, au XIVᵉ siècle, on a personnifié le peuple de France, le paysan peinant et travaillant pour ses seigneurs et maîtres et aux dépens duquel vivaient les gens de guerre. D'après Littré (Dict., art. Bon-homme), le paysan se nommait lui-même *bonhomme*, c.-à-d. l'homme, le mari, le maître de la maison : c'est de ce mot que les gens de guerre avaient fait un sobriquet. De là l'expression vivre aux dépens du bonhomme. Desperiers dit dans ses Contes :

Au temps que les soudards vivoient sus le bonhomme.

Cette personnification du peuple n'est pas particulière à la France : c'est ainsi que le peuple anglais s'appelle lui-même *John Bull*, c.-à-d. « Jean le Taureau », le peuple allemand *Der deutsche Michel*, c.-à-d. « Michel l'Allemand », etc.

93

Johnny Crapaud.

Jean le Crapaud.

Sobriquet plaisant appliqué aux Français parce que, d'après une croyance populaire en Angleterre, trois crapauds avaient figuré dans les armes de France avant d'y être remplacés par trois fleurs de lys.

(Anglais.)

94

a) Jack Frog.

Jacques la Grenouille.

Sobriquet des Français, parce que, dans l'opinion populaire des Anglais, les Français se nourrissent surtout de grenouilles.

(Anglais.)

b) Frog-eaters.

Mangeurs de grenouilles.

(Anglais.)

95

Pendant assez longtemps le terme de *Bony* (abréviation

de Bonaparte) a été, aux Etats-Unis, un synonyme familier de Français.

96

a) Gavaches.

C'est le surnom injurieux que les Espagnols donnent aux Français : Il est passé chez eux en proverbe. Il y eut un prédicateur espagnol qui s'en servit bien singulièrement à la fin d'un sermon sur saint Roch. « Oui, messieurs, s'écria-t-il, tout ce que je viens de dire à la louange de ce grand saint, et tout ce qu'on pourrait y ajouter, me paraîtrait infiniment au-dessous de ses mérites, et je n'hésiterais pas un moment à le placer à la gauche de l'incomparable saint Jacques, notre glorieux apôtre, c'est-à-dire au-dessus de tous les saints qui sont en Paradis, si par malheur il n'était pas né *gavache*. Remercions Dieu d'être nés Espagnols. *Amen !* »

Le nom de Gavaches est originairement celui des anciens habitants de Gévaudan, en latin *Gabali*. Il serait devenu un terme de mépris en Espagne, parce que les gens du Limousin et du Gévaudan vont en grand nombre travailler en Espagne.

b) Gavacho puerco.

En Espagne on appelle par mépris les Français de la sorte. Les Espagnols appellent aussi le Français *Franchute*.

97

Es un Franchimand : *C'est un homme du nord.*

Es un Francihot : *C'est un méridional qui affecte de prendre l'accent du nord.*

(Midi de la France.)

98

Entende pas boúostre franciman.

Je n'entends pas votre français.

Langage de gens qui parlent mal le français ou affectent de le parler.

(Aveyron.)

99

Fransquillon.

Terme de mépris par lequel les Flamands de Belgique désignent leurs compatriotes Wallons et les Français.

100

a) Les Maka-oui-oui.

Aux Marquises où, de même qu'à Tahiti, les sauvages
appellent les Français *Farani*, ils disent souvent pour se moquer d'eux « Maka-oui-oui ».

Il est présumable que ces mots sont, dans leur pensée, la
reproduction de « ma foi oui », que nous jetons à tout propos
dans la conversation.

      (*Revue coloniale*, t. V, 1845, p. 13.)

b) Dans quelques îles de la Malaisie orientale, on appelle,
pour la même raison, les Français des *Orangs-dis-donc*.
Orang signifie « homme » en malais, et le mot bien connu
Orang-outan signifie simplement « homme des bois ».

101

a) Il parle français comme un Iroquois.

b) Parler français comme une vache espagnole.

On a beaucoup discuté sur ce proverbe, et on a voulu le
corriger en « Parler français comme un Basque espagnol ».
Il nous semble qu'il faudrait l'écrire « Parler français comme
une vache espagnol », c.-à-d. comme une vache parle espagnol. Notre proverbe français a été traduit dans des langues
voisines.

Dans les pays allemands du Rhin inférieur on dit :

c) Hä sprich fransch wie de ko spansch'.

Il parle français comme la vache espagnol.

(Andresen, Deutsche Volksetymologie, p. 36, n.)

Et en Hollande on dit :

d) Hij kent fransch als een koe spaansch.

Il sait le français comme une vache l'espagnol.

102

Ecorcher le français.

D'après Méry (II, 196), cette expression viendrait du Dauphin, fils de Louis XV.

103

He spits French.

Il crache du français.

Raillerie de la rapidité avec laquelle parlent les Français quand ils se fâchent.

(Etats-Unis.)

104

a) Párlo froncés.

b) Coumenço de porlá froncés.

Il commence à être ivre, parce que tel est l'effet de l'ivresse sur certains individus qui parlent ordinairement patois.

(Aveyron.)

105

a) Paré comme un Français.

(Lithuanien.)

b) Mis à la française, c.-à-d. avec goût, élégance.

(Bulgare.)

106

Francisinu.

Terme sicilien pour dandy.

107

Wat is het frisch, als men zich zoo verschoont, zeî de Franschman, en hij keerde zijn hemd om, dat hij zes weken had aangehad.

Qu'il fait bon de changer son linge, dit le Français, en retournant sa chemise qu'il avait portée six semaines !

En France on attribue aux Gascons cette façon de changer de linge.

(Hollandais.)

108

Die Franzosen singen vor dem Essen.

Les Français chantent avant le repas.

(Allemand.)

109

a) Die Franzosen essen mit den Augen.

Les Français mangent avec les yeux.

(Allemand.)

b) Un Français affamé est content même d'une pie morte.

(Russie.)

110

French cream.

Crème française.

Nom populaire de l'eau-de-vie de Cognac.

(Anglais.)

111

Een Franschman de muts afscheuren.

Arracher le bonnet à un Français (déboucher une bouteille).

(Hollandais.)

112

Hij kan niet zien van al de Franschen.

Il n'y voit plus, par tous ces Français (le vin rouge qu'il a bu).

(Hollandais.)

113

Wij zullen je dat Fransch praten wel afleeren.

Nous te ferons désapprendre ce babillage français (le glouglou de la bouteille qu'on commence).

(Hollandais.)

114

Terwijl hij het bloed van een Franschman vergoot, ging hem de eene kleur af en de andere schoot hem aan.

En répandant le sang français il changeait de couleur (de pâle il devenait rouge, en buvant le vin français).

(Hollandais.)

SOURCES

CAREW HAZLITT : *English Proverbs*, London, 1869 — 5 *d*, 28 *b*, 84.

CELAKOVSKY : *Mudroslovi*, etc., Prague, 1852 — 14, 16.

CERVANTES : *Don Quichotte* (livre II, ch. XXXIII) — 32.

CRAPELET : *Proverbes du* XIII° *siècle* — 29.

DAHL : *Proverbes russes* — 23, 39 *b*, 40.

GASPÉ : *Les anciens Canadiens* — 53, 65.

GIANANDREA : *Proverbi Marchigiani* (Archivio, I) — 24 *b*, 34.

JOUBERT : *Erreurs populaires*, Rouen, 1600 — 6.

HARREBOMÉE : *Spreekwordenboek*, Utrecht, 1858 — 27 *b*, 37, 38, 39 *a*, 42 *d*, 44, 45, 46, 55, 56, 59, 66, 69, 71, 72, 73, 77, 78, 79, 86, 87, 89, 101 *d*, 107, 111, 112, 113, 114.

KELLY : *Proverbs of all Nations*, London — 2, 5 *b*, 12, 20, 60.

LEROUX : *Dict. comique* — 96 *b*, 101 *a*.

LEROUX DE LINCY : *Le livre des Proverbes français*, Paris, 1859 — 1, 28 *a*, 42 *b*, 82 *e*.

Le Véritable Sancho Pança, Paris, 1856 — 5 *a*, 13, 36, 61.

LITTRÉ : *Dictionnaire*, art. Turc et Bonhomme — 7, 92.

MÉRY : *Proverbes* — 3, 96 *a*, 102.

MIR : *Glossaire des comparaisons narbonnaises* — 35.

MISTRAL : *Lou Tresor dou Felibrige* — 5 *c*, 42 *c*, 97.

NICOLSON : *Gaelic Proverbs* — 76, 81.

PITRÈ : *Il Vespro Siciliano*, Palermo, 1882 — 82 *a*, *b*, *c*, *d*, *f*.

Proverbi Scelti, Milano, 1881 — 9, 21.

REINSBERG-DÜRINGSFELD : *Internationale Titulaturen*, Leipzig, 1853 — 8, 10, 11, 15, 17, 19, 22, 24 *a*, 27 *a*, 33, 105 *a*, 106.

Satire Menippée — 60.

The Slang Dictionary, London [1873] — 48, 110.

VAYSSIER : *Patois de l'Aveyron* — 48, 104.

WANDER : *Deutsches Sprichwörter-Lexicon*, Leipzig, 1867 — 51, 52, 54, 64, 67, 68, 108, 109 *a*.

WEBSTER : *Dictionary* — 93.

Communications de :

MM. BARTH — 57.

DE CHARENCEY — 100 *b*.

DANEFF — 105 *b*.

DAVID FITZGERALD — 25.

GAIDOZ — 30, 94 *b*, 99.

JON C. GRADISTEANU — 18, 49, 62 *a*, 63.

LEITE DE VASCONCELLOS — 4, 50, 70, 80, 88.

MARTINEZ — 26, 74, 75, 82 *g*, 85, 90, 91.

PETTERSEN — 62 *b*, 109 *b*.

PITRÈ — 83, 106.

POLITIS — 58.

PAUL SÉBILLOT — 31, 94 *a*.

TIELE — 34, 41.

JOHN L. WILLIAMS, de Chicago — 43, 47, 95, 103.

DEUXIÈME PARTIE

—

PARIS

PARIS

1

a) Il n'est cité que Paris.

    (xvɪᵉ siècle.)

b) Il n'y a qu'un Paris au monde.

    (Haute-Bretagne et tout l'ouest.)

c) Il n'est cité que Paris, ville que Dijon.

d) Il n'y a que Paris.

e) Tel est à Paris qui ne sait ce qu'est Paris.

2

a) Paris sans per.

    (Du xɪɪɪᵉ au xvᵉ siècle.)

b) Paris sans pair.

    (xvɪᵉ siècle.)

Ce dicton, populaire pendant tout le moyen-âge, et qui exprimait sous une forme concise l'admiration pour Paris, a été l'objet d'une savante dissertation de M. Paul Meyer (Romania, IX, 579–581). D'après M. P. M., à l'origine ce dicton (XIIe siècle) se serait d'abord appliqué à Pâris, ravisseur d'Hélène (cf. une ballade sur les noms de villes et *Bull. de la Soc. de l'hist. de Paris*, III, 42).

c) Paris sans pair, théâtre du monde.

3

a) Abaoue beuzet Ker-Is
   N'euz ket kavet par da Baris.

   Depuis la submersion de la ville d'Is
   On n'a trouvé l'égal de Paris.

b) Paris
      Par-Is

   Paris
   Pareil à Is.

4

a) Si Paris estoit plus petit
   On le mettroit dans un baril.

b) Avec un si, on mettrait Paris dans une bouteille.
   (Haute-Bretagne et ouest.)

5

Paris ne fut pas fait en un jour.

On dit aussi : Rome ne s'est pas faite en un jour, et ce dernier proverbe est commun à toutes les langues de l'Europe. On le rencontre encore en d'autres pays avec d'autres noms de villes : ainsi on dit en bas-allemand : Lübeck ist in eenem Dag stift't, aver nig in eenem Dag boet. « Lubeck a été fondée en un jour, mais non bâtie en un jour. »

Un écrivain latin du commencement du xvi⁰ siècle, Palin-
genius, avait mis ce proverbe dans ces vers :

> *Neque protinus uno est*
> *Condita Roma die.*

(Zodiacus vitæ, XII, 460.)

6

Il n'est hors de Paris point de salut pour les honnêtes
gens.

Paris ridicule, note ; d'après cette note, au xvii⁰ siècle les
Parisiens avaient sans cesse ce dicton à la bouche.

7

Il ne fait jamais mauvais temps pour retourner à Paris.

(Polonais.)

8

Après Voray, Paris ; après Paris, Marnay !

(Franche-Comté.)

9

Si Paris avait une Cannebière, ce serait un petit Marseille !

Dicton qu'on attribue aux Marseillais.

10

Six mois de Paris et trois mois de Valogne rendent un
homme parfait.

(Normandie.)

11

Mein Leipzig lobe ich mir ;
Es ist ein klein Paris, und bildet seine Leute.

*Je suis très content de mon Leipzig : c'est un petit Paris,
et il forme son monde.*

Ces deux vers du *Faust* de Gœthe sont devenus proverbiaux
et méritent, à ce titre, d'être cités ici.

12

Il est allé à Paris, il sait fermer ses portes.

(Poitou, Haute-Bretagne.)

13

Aller passer par Paris pour aller à la Rochelle.

(Poitou.)

14

Prendre Paris pour Corbeil.

Se tromper grossièrement.

15

Qui chercherait Paris à Nivelle
Ferait bien recherche vaine.

16

Il tient comme boues de Paris.

Il n'y a rien de si puant (que ces boues), et, de plus, elles
sont si noires qu'elles tachent toutes sortes d'étoffes, dont les
marques sont difficiles à enlever. C'est ce qui a donné lieu au
proverbe. (Sauval, *Antiquités,* t. II, p. 23.)

17

Les potz de chambre de Paris empoisonnent les rues.

(XVIᵉ siècle.)

18

> Paris est bon pour voir,
> Lyon pour avoir,
> Toulouse pour apprendre
> Et Bordeaux pour dispendre.

19

Vivre à Rome comme à Rome, et à Paris comme à Paris.

Conseil de sagesse.

20

a) J'ay toujours ouy dire que Paris estoit le purgatoire des plaideurs, l'enfer des mules et le paradis des femmes.

b) Paris est le paradis des femmes, le purgatoire des hommes et l'enfer des chevaux.

c) Paris est le paradis des femmes, l'enfer des chevaux et le purgatoire des députés.

(Haute–Bretagne.)

21

A Paris il y a une rivière de lait, avec des rives de millet, et là-dessus un bœuf rôti où est déjà planté un couteau.

(Polonais.)

22

Tout est à Paris, hormis la santé.

23

Il rit comme on pleure à Paris.

Cela se dit quand on veut se moquer d'un enfant qui pleure.

24

a) Faire comme on fait à Paris, laisser pleuvoir.
Ne pas trop s'affliger.

b) Faire coumo à Paris : daissa ploùre.

(Languedoc.)

25

Coulero de Poris,
Couro ploúro, couro ris.

Colère de Paris, — tantôt pleure, tantôt rit.
Se dit des personnes au caractère mobile.

(Aveyron.)

26

Même à Paris
Avec l'avoine on ne fait pas du riz.

(Tchèque et polonais.)

27

a) Celui qui va âne à Paris n'en revient pas cheval.
(Polonais.)

b) Zendt men een' ezel naar Paris, men krijgt hem weder, even wijs.

(Hollandais.)

c) Schikt'n Kalf na Paris, kummt wer na Hus, so seggt't : Ha-muh !

Envoie-t-on un veau à Paris, quand il revient à la maison il ne dit toujours que : Meu !

(Proverbe frison.)

Un proverbe persan dit : Si l'on mène un âne à Jérusalem et à la Mecque, il retourne toujours âne sans avoir gagné le pardon.

28

Qui est bête par nature, n'achètera pas de l'esprit à Paris.

(Tchèque et polonais.)

29

Cela ira comme Pâques à Paris.

(Poitou.)

30

Loung coumo d'aici à Paris.

Long comme d'ici à Paris.

(Languedoc.)

31

Pa ziveuzo Is
E veuzo Paris.

Quand des flots Is émergera
Paris submergé sera.

(Basse–Bretagne.)

32

Quand Paris boyra le Rhin
Toute la Gaule aura sa fin.

(xvi⁰ siècle.)

33

Depuis Paris jusques à Lon-jumeau.

(xvi⁰ siècle.)

34

C'est l'œuvre de Notre-Dame.

Cela se dit à Paris des choses qui durent trop longtemps ;
l'œuvre de Notre–Dame ne finit jamais à cause qu'on prétend
qu'il y a quelque reste de voûte à faire, qu'on ne veut pas
achever.

35

Un oustal coumo un Loubre.

Un hôtel comme un Louvre.

(Languedoc.)

36

C'est l'horloge du Palais, elle va comme il lui plaît.

37

Des compliments de la place Maubert.

Pour dire des civilités commūnes et populaires.

38

Il est comme saint Jacques de l'Hôpital, il a le nez tourné à la friandise.

Parce que l'image de ce saint qui est sur la porte regarde la rue aux Ouës (Ours), c'est-à-dire aux Oyes, où il y avait autrefois de fameuses rôtisseries.

39

Il y a plus de Montmartre à Paris que de Paris à Montmartre.

Dicton à double sens et que l'on peut regarder comme un calembour. On veut dire par là qu'on a pris à Montmartre une grande partie des pierres et du plâtre qui ont pu servir à construire Paris, tandis qu'on n'a rien pris à Paris pour faire Montmartre ce qu'il est.

40

Devin de Montmartre qui devine les fêtes quand elles sont venues.

On dit cela d'un ignorant.

41

Musicien de la Samaritaine.

Mauvais musicien, chanteur du Pont-Neuf, qui sont pour l'ordinaire des gens qui ne chantent que des vaudevilles ou autres sottises semblables.

42

Sur le Pont-Neuf on voit toujours un cheval blanc, un prêtre, un soldat et une fille.

(Paris.)

Ce dicton est très ancien ; à l'origine, à la place du prêtre il y avait un moine.

43

a) Les avant-coureurs du Pont-Neuf.

b) Les officiers du Pont-Neuf.

C'était le nom donné proverbialement aux coupeurs de bourses.

c) Courtisans du cheval de bronze.

Nom que l'on donnait sous Louis XIV à des filous qui rôdaient la nuit au pied de la statue d'Henri IV.

44

Se porter comme le Pont-Neuf.

(Paris et tout l'ouest.)

45

Il est de la paroisse Saint-Pierre-aux-Bœufs.

C'est un imbécile.

46

C'est trop être à la place aux Veaux.

Les vers :

> Passons dessus ces bagatelles
> Disons des quolibets nouveaux,

semblent vouloir dire que la place aux Veaux, située alors derrière le Châtelet, n'était pas le lieu de Paris le plus renommé par son esprit.

47

Ange de grève.

C'est-à-dire un crocheteur ; ils stationnaient ordinairement sur la place de Grève.

48

Meuble du Châtelet.

Repris de justice.

49

Gratter la Bastille avec les ongles.

Tenter l'impossible.

50

Mener à Montfaucon.

Mener pendre.

51

Banderolle de Montfaucon.

Un scélérat qui tôt ou tard sera pendu.

52

a) Envoyer au diable Vauvert.

Envoyer promener.

b) C'est un aultre diable de Vauvert.

Vauvert était un château bâti par le roi Robert ; on y entendait des bruits effrayants que l'on attribuait au diable ; ils cessèrent dès que saint Louis eut donné ce palais aux Chartreux.

c) Fait bien le diable de Vauvert qui brusle tout et tout perd.

53

Ce sont les vignes de la Courtille, belle montre et peu de rapport.

54

Il est de l'abbaye de Longchamps,
Il tient des dames.

Cela se dit d'un homme qui aime les femmes.

55

Li borgois de Paris.

Les bourgeois de Paris.

Ce titre étoit tellement honorable, et on y attachoit tant de prix, qu'il étoit ambitionné par les chevaliers et un grand nombre de nobles. Les bourgeois de Paris avoient au reste de nombreuses prérogatives.

(XIIIe siècle.)

56

Li chanoine de Paris.

Ce qui donnoit une grande réputation aux chanoines de Notre-Dame et de la Sainte-Chapelle, c'est que la musique y étoit toujours fort bonne et bien entretenue.

(XIIIe siècle.)

57

Les croetz (crottés) de Paris.

C'était le surnom donné aux écoliers de Paris.

58

Il n'est bon bec que de Paris.

(xve siècle.)

59

Pariginu. — *Parisien.*

Se dit en Sicile d'un homme élégant.

60

a) Les badauds de Paris.

On disait Paris en Badaudois, ainsi que le constatent ces vers de Cl. Le Petit :

> Adieu donc, ville de village,
> Seigneur Paris en Badaudois.

Le commentateur de Blainville (commencement du xvIII^e siècle) dit qu'on appelle les Parisiens Badauds et la campagne de Paris le Badaudois, aussi bien que le langage qu'on y parle.

b) C'est un vrai badaud de Paris.

61

Jean de Paris.

Sobriquet des Parisiens.

62

> Parisien,
> La canne à la main,
> Le sac sur le dos,
> Voleur d'artichauts.

(Banlieue de Paris.)

63

Têtes longues, enfants de Paris,
Ou tous sots ou grands esprits.

64

En Paris il y a une chose,
Laquelle au milieu est enclose ;
Qui la voudroit de Paris traire (ôter)
Il faudroit tout Paris défaire.

C'est la lettre R qui est au milieu du mot Paris.

————

SOURCES

CAHIER : *Quelques six mille proverbes* — 18.

CANEL : *Blason populaire de la Normandie* — 10.

CELAKOVSKI — 26, 28.

CRAPELET — 2 *a*, 55, 56, 57.

DESPÉRIERS : *Nouvelles récréations* — 47.

Folk-Lore Record, III — 27 *a*.

HILAIRE LE GAI — 1 *c*, 1 *d*, 2 *c*, 25, 39, 40, 49.

KERN und WILLMS : *Ostfriesland* (Bremen, 1871) — 27 *c*.

LEROUX : *Dict. comique* — 20 *a*, 23, 34, 36, 37, 38, 41, 43 *c*,
45, 50, 53, 64.

LEROUX DE LINCY : *Le Livre des Proverbes* — 1 *a*, 2 *b*, 4 *a*, 5,
15, 16, 17, 20 *b*, 24 *a*, 32, 52 *c*, 54, 63.

MÉRY — 19, 60 *b*.

MIR — 24 *b*, 30, 35.

MOISANS DE BRIEUX — 51.

NOEL DU FAIL — 14, 33.

OUDIN : *Curiosités* — 43 *a*, 43 *b*.

Paris ridicule et burlesque — 6, 46, 60 *a*.

PERRON : *Proverbes de la Franche-Comté* — 8.

RABELAIS — 52 *b*.

REINSBERG–DÜRINGSFELD — 7, 21, 27 *b*.

Sagesse de Sancho Pança — 1 *e*, 22.

Sauvé : *Lavarou Koz* — 3 *a*, 3 *b*, 31.

Souché : *Proverbes* — 12, 13, 29.

Vadé — 48.

Vayssier — 25.

Villon — 58.

Communications de :

MM. Pitré — 59.

E. Rolland — 62.

Paul Sébillot — 1 *b*, 4 *b*, 9, 12, 20 *c*, 42, 44, 52 *a*, 61.

TROISIÈME PARTIE

LES PROVINCES DE FRANCE

LES PROVINCES DE FRANCE

ALSACE

1

Drey Schlösser auf einem Berge[1],
Drey Kirchen auf einem Kirchhoffe[2],
Drey Stätt in einem Thal[3],
Drey Offen in einem Saal[4],
Ist das gantz Elsass überall.

Trois châteaux sur une montagne, — Trois églises dans
un cimetière, — Trois villes dans une vallée, — Trois poêles
dans une salle, — Et voilà toute l'Alsace d'un bout à l'autre.

Voici à quoi se réfère ce dicton :
1. Les trois châteaux de Ribeauvillé.
2. L'église paroissiale, l'église de l'hôpital et la chapelle du
cimetière de Riquewihr, qui se trouvaient, jusqu'à nos jours,
dans la même enceinte, entourées d'un mur commun.
3. Les villes de Kienzheim, d'Ammerswihr et de Kaiserberg.
4. La salle des banquets, grandes réceptions, etc., des seigneurs de Ribeaupierre, au château de Ribeauvillé, situé au
pied des trois châteaux ; elle était tellement vaste qu'il fallait
trois poêles pour la chauffer.
La rédaction du dicton, telle que nous la communique

M. Auguste Stœber, et qui est probablement la plus ancienne,
se trouve, nous dit-il, dans l'ouvrage de Balthasar Han. « Das
» Seelzagende Elsass, d. i. ausführlich alt und neue Beschrei-
» bung dess alt-berühmten, schönen, edlen, jetzt fast öden
» Land-Gravthums Alsatiae oder Ober-und Unter-Elsasses,
» etc. Nuremberg, 1676 », in-18, avec une carte et des vues
de villes.

Certains auteurs modernes omettent le quatrième vers. Nous
devons faire observer que ce vers est également omis par Han,
aux pages 6, 143 et 207, où il cite le dicton.

2

Tête carrée.

Dénomination commune aux Alsaciens et aux Allemands.

3

Grosser Rhein, saurer Wein ;
Kleiner Rhein, süsser Wein.

Grand Rhin, aigre vin ; — Petit Rhin, doux vin.

On a remarqué que dans les années sèches le vin est
meilleur.

BAS-RHIN

4

Wäre Strassburg vom Himmel gefallen, es wäre nicht
schöner zu liegen gekommen.

*Si Strasbourg était tombé du ciel, il n'aurait pu se trouver
dans un site plus beau.*

5

Strassburger Geschütz,
Nürnberger Witz,

Venediger Macht,
Augsburger Pracht,
Ulmer Geld,
Bezwingt die ganze Welt.

Canons de Strasbourg, — Esprit de Nuremberg, —
Puissance de Venise, — Luxe d' Augsbourg, — Argent d' Ulm
— Viennent à bout du monde entier.

6

Er ist zu viel nach Strassburg auf die Hochzeit gefahren.

Il a été trop souvent à la noce à Strasbourg.

Se dit de quelqu'un qui s'est donné trop de jouissances
dans la vie.

7

Zeuch gen Strassburg! dort findest du den Tisch ge-
deckt.

Va à Strasbourg ! là tu trouveras la table mise.

Allusion à la richesse et à la bonne chère de Strasbourg.

8

Meiselocker.

Pipeurs de mésanges.

Sobriquet des Strasbourgeois, parce qu'à Strasbourg c'est un
amusement très répandu d'aller tendre des pièges aux mésanges dans la belle saison. — On raconte aussi que ce
sobriquet vient aux Strasbourgeois d'un gros canon qu'ils
avaient fabriqué au xvie siècle et qu'ils avaient appelé
« Meise », la Mésange.

9

Dis isch e rechter Schteckelburjer.

Voilà un vrai Steckelburger.

Se dit d'un vieux bourgeois de Strasbourg un peu original. *Steckelburger* signifie littéralement « bourgeois à la canne à pommeau ».

10

Strassburger Gänse.

Oies de Strasbourg.

Se dit des dames de Strasbourg, à cause de leur vanité; elles se croient supérieures à d'autres par leur éducation et leur instruction.

11

Die von Strassburg fragen viel danach, was die von Köln in den Rhein pissen !

Les gens de Strasbourg s'inquiètent bien de savoir ce que les gens de Cologne crachent dans le Rhin !

Se dit de choses dont on n'a cure.

12

Sie kumme vunn Schilke.

Ils viennent de Schillick.

C.-à-d. ils sont ivres. — Schiltigheim, et par abréviation Schillick, petite localité des environs de Strasbourg.

13

Les localités, surtout dans les montagnes, où on élève beaucoup d'ânes, s'appellent

Eseluniversität.

Université d'ânes.

Par exemple Wangen, Bœrsch, Weiler, Dinsheim, Rott, Westhoffen.

14

Barr
Narr.

Barr — Fou.

15

Ach ! es sind Barrer Millionem !

Ah ! ce sont des millions de Barr !

Ironie de richesses imaginaires, parce que les Barrois passent pour vantards.
On en dit autant de Bischwiller :

Bischwiller Millionen.

16

Er isch, glauw'i, vunn Gaïsehpitze.

Vous m'avez l'air d'être de Geispolsheim.

C.-à-d. un grossier personnage.

17

Die brucht nitt uff d'Schnärschemerschliffmühl ze gehen.

Elle n'a pas besoin d'aller à l'aiguiserie de Schnerschheim.

C.-à-d. elle a la langue bien affilée. Les femmes de Schnerschheim passent pour l'avoir mieux qu'ailleurs.

18

S'isch ä wahrs Greufl.

C'est une véritable misère.

Littéralement : C'est un vrai Graufthal. Allusion à la pauvreté de cette localité.

19

Irmstett, Kukuk's Nescht.

Irmstett, nid de coucous.

HAUT-RHIN

20

Knöpfler.

Les gens aux boutons.

Sobriquet des Colmariens.

On raconte qu'il y avait autrefois à Colmar un maire, qui se trouvait toujours seul lorsqu'il venait à l'heure précise marquée pour les réunions du conseil municipal. Il était ennuyé d'être toujours forcé d'attendre, et, comme il demeurait en face de la mairie, il ordonna à l'huissier de se tenir à la porte de la mairie et de lui faire savoir de temps en temps par un signe convenu combien il y avait de conseillers arrivés. Ce signe consistait pour l'huissier à toucher autant de boutons de son uniforme qu'il y avait de conseillers présents.

21

Die Largitzer Kühe.

Les vaches de Largitzen.

On raconte qu'un homme de Largitzen était parti vendre une vache à la foire de Dannemarie. Il ne réussit pas à avoir le prix qu'il en voulait. Il revint chez lui tout mécontent. Devant son village il y avait, de toute antiquité, une grande statue de saint Pierre, entourée d'une grille, avec une boîte pour recevoir les offrandes. Il vint à l'idée du paysan que saint Pierre pourrait lui acheter sa vache. « Hé ! mon bon Monsieur, que me donnerez-vous pour ma vache ? » Pas de réponse. « Je

vous la donnerai bon marché. » Même silence. Là-dessus le
paysan se fâche, il attache sa vache à la grille, saute par-
dessus et donne un coup violent à la statue. La statue tombe
du coup et, dans sa chute, écrase la boîte d'où l'argent
s'échappe. Le paysan le compte vite et trouve qu'il y a plus
qu'il n'avait demandé à la foire pour sa vache. « Merci,
Monsieur saint Pierre ! dit-il à l'image ; mais tu aurais bien
pu me donner ton argent tout de suite : tu serais encore sur
ton piédestal. » Là-dessus il s'en alla joyeux chez lui et laissa
sa vache à saint Pierre. Depuis ce moment, les gens de Largitzen ont le sobriquet de « vaches ». Quand un mauvais
plaisant, traversant le village, demande si « la graine de vache
est à bon marché », on le chasse à coups de pierre et de balai.

22

En Alsace, et plus particulièrement à Mulhouse, les
différentes confessions ont leurs sobriquets. Ainsi on
appelle :

Les catholiques : „ Kritzelmacher ", *faiseurs de croix ;*
„ Kritzketzer ", *hérétiques de la croix.*

Les luthériens : „ Dickképf ", *grosses têtes.*

Les réformés ou calvinistes : „ Spitzképf ", *têtes poin-
tues ;* „ Graustrümpfler ", *les bas gris.*

Les anabaptistes : „ Motti ", *les boucs,* à cause de leurs
grandes barbes.

Les piétistes : „ Stündler ", litt. *les gens des petites
heures,* c.-à-d. ceux qui ne manquent pas les petits offices ;
„ Mucker ", *mômiers,* et aussi „ Joggler " ou „ Jogglü-
ner ", *jongleurs.*

Les juifs : „ Stinker ", *puants.*

Les Tsiganes ou Bohémiens : „ Heide ", *païens.*

SOURCES

ALSATICUS : *Elsässischer Sprichwörterschatz* — 9.
DASS ELSASS (numéro du 9 décembre 1882) — 21.

REINSBERG-DÜRINGSFELD — 3, 4, 5, 6, 7, 11.

STŒBER : *Sagen des Elsasses* — 8, 20.

STŒBER : *Deutsche Mundarten*, t. III — 13, 14, 22.

Communications de :

MM. BARTH — 12, 16, 17, 18, 19.

Paul SÉBILLOT — 2.

A. STŒBER — 1.

Une dame de Barr (Mme S.) — 10, 15.

————

ANGOUMOIS

CHARENTE

1

Aller à Angoulême (c.-à-d. avaler).

Ce dicton est fondé sur une équivoque analogue à celle en vertu de laquelle « aller à Versailles » signifie verser.

2

Les Crapauds de l'Houmeau.

3

Les Angroisses d'Angoulême.

L'Houmeau est un faubourg d'Angoulême. De temps immémorial il a existé une rivalité entre les gens de l'Houmeau appelés Crapauds, sans doute parce qu'ils habitent les bords de la Charente et les gens de la ville qualifiés Angroisses (lézards gris) à cause du rocher sur lequel s'élèvent leurs maisons. Cette animosité, qui s'accrut encore au temps des guerres de religion, — les Crapauds étaient pour la Réforme, — donna lieu à des défis et des rixes sans nombre.

SOURCES

Leroux de Lincy. — 1.

J. Bujeaud : *Chansons populaires*, t. I, p. 145. — 2 et 3.

———————

L'ANJOU ET LES ANGEVINS

1

a) Li meillor archier en Anjou.

Les meilleurs archers sont en Anjou.

   (xiii° siècle.)

   b) Les meilleurs archers en Anjou.
   Les meilleurs sauteurs en Poitou.

Angevin
Sac à vin.

3

Des Tourangeaux, Angevins,
Bons fruits, bons esprits, bons vins.

4

Madamo d'Anjou.

C'est ainsi qu'on appelle en Provence une personne prétentieuse. C'est probablement une allusion aux dames angevincs de la cour du roi René.

MAINE-ET-LOIRE

5

a) Li sonneor d'Angers.

Les sonneurs d'Angers.

(XIII° siècle.)

La ville d'Angers renfermait un si grand nombre de chapitres, de communautés, de couvents et de moines, qu'on y entendoit sonner continuellement les cloches, sans que les mœurs en fussent plus édifiantes.

b) Les sonneux d'Angers.

On dit encore en proverbe :

> D'Angers les sonneux,
> De Nantes les pluvieux.

6

a) Les Bagauds d'Angers.

Dicton tombé en désuétude et que Menière dit pouvoir être traduit par pillard, voleur.

> *b)* Les Braguards d'Angers
> Sont les écoliers [1]

7

Je baille ma rente de Baugé.

Cela veut dire rien du tout.

---

[1] *Braguer* ou *faire brague*, c'est « se divertir, folâtrer ». (De Soland.)

La salade et les œufs durs,
Voilà le repas de Saumur.

9

La Passion de Saumur.

Le Jeu de la Passion qui se célébrait à Saumur était célèbre au XVIᵉ siècle ; Rabelais y fait aussi allusion, liv. II, chap. III.

10

A Avort
Le diable est mort.

11

Quand on entend sonner à Denée,
C'est de la pluie assurée.

Usité dans les communes voisines de Denée, telles que Mozé, Murs et Soulaines.

12

Si tu as des écus Montrelais (montre-les),
Belles filles, Marillais (marie·les).

13

Les Jobs de Morannes.

Ils passent pour avoir attaché une corde au clocher afin de déplacer l'église. On trouvera dans ce recueil plusieurs exemples de facéties similaires.

14

La drôlerie des Ponts-de-Cé.

Quatorze hommes pour porter une ardoise.

15

Les Berlaudins de Soulange.

Menière dit que ce mot vient de berlaud, c.-à-d. aimant le brelan. En Anjou existe le substantif berlauderies, farces. Il semble que Berlaudins voudrait dire farceurs.

SOURCES

CRAPELET — 1 *a*, 5 *a*.
Intermédiaire, I, 164 — 8.
LEROUX DE LINCY — 2, 3.
MENIÈRE : *Glossaire angevin* — 6 *a*, 6 *b*, 7, 10, 11, 12, 13, 14.
NOEL DU FAIL — 9.
MISTRAL — 4.
DE SOLAND : *Proverbes et dictons rimés de l'Anjou* — 1 *b*, 5 *b*, 15.

ARTOIS

1

Les Artésiens, têtes de chiens.

2

Les Artésiens, boyaux ouges.

D'après l'*Intermédiaire*, I, 363, ce surnom, qui est encore considéré comme une grave injure, viendrait de la ceinture rouge que portaient les troupes espagnoles. Celles-ci occupèrent l'Artois jusqu'en 1659.

3

a) Camus comme un chien d'Artois.

Les écoliers furent si étonnés de cette réponse qu'ils demeurèrent camus comme un chien d'Artois.

b) Camus coumo un gous Artès.

(Languedoc.)

4

Ban du gras Boulognois
Dure trente jours moins un mois.

(XVIᵉ siècle.)

PAS-DE-CALAIS

5

a) Li bordeor d'Arras.

Les jouteurs d'Arras.

(XIIIᵉ siècle.)

b) Li béhordeurs d'Arras.

Combattans à la course à la lance.

(XIIIᵉ siècle).

6

Arras, Arras, ville de plait (procès)
Et de haine et de détrait (médisance).

On i aime trop crois et pile,
Chascun fut beste (méchant) en ceste ville.

(XIII° siècle.)

7

Onque d'Arras bon clers n'issi.

(Dicton du moyen-âge).

8

Les hoguineurs d'Arras.

Hoguiner est un mot patois qui signifie fâcher ; hoguineur
signifie aussi débauché. Ce dicton est cité par Fauchet, éd.
de 1610.

9

a) Quand les souris mangeront les chats,
Le roi sera seigneur d'Arras.

Les Bourguignons avaient inscrit ce dicton sur leur drapeau,
alors que Charles VI, en 1414, faisait le siège d'Arras.

b) Quand les rats prendront les chats,
Les Français prendront Arras.

Arras portait trois rats de sable dans ses armes. C'est ce qui
fit inscrire ce distique sur une de ses portes. Quand la ville
fut prise par Louis XI, en 1477, puis prise par les Français,
en 1640, on se vengea des Espagnols fanfarons par plusieurs
caricatures. L'une d'elles était intitulée : *La défaite et prise
générale des chats d'Espagne par les rats françois, devant la cité
d'Arras.* L'autre représente un Espagnol couché au milieu des
rats qui en font leur proie.

On raconte aussi que la devise écrite sur la porte d'Arras
était ainsi conçue :

Quand les Français prendront Arras,
Les souris mangeront les chats,

et qu'après la prise de la ville, les Français laissèrent subsister l'inscription en supprimant le *p* de *prendront*.

10

Un caroche de Béthune.

Mauvais calembour par lequel on exprime un carrosse à un seul cheval.

11

> Qui va à Boloigne,
> Prend la fièvre ou la roigne.

(xvie siècle.)

12

> Boulonnais
> Tête'-ed baudets.

13

Les brouckaillers.

C'est le nom qu'on donnait aux habitants des faubourgs de Saint-Omer, à cause de leurs grands hauts-de-chausses, appelés brocks en flamand. On les nommait aussi *Lizelards* et *Sarrasins*.

14

> Pigeons d'Aire,
> Qui arriv'tent sans qu'on les invite.

15

Crincheu d'Auderselles.

On appelle *crincheu,* celui qui *crisse* des épaules comme s'il avait des démangeaisons.

16

Dos d'cahielle (de chaise)
D'Auderselle.

Les Audersellois ont le dos rond.

17

Les baudets d'Alembon.

18

I n'sont mie car si bêtes,
Is ont ben pus d'bon séns,
Nos gens yed Balinghen.

19

Culotier d'Bapaume.

C'est-à-dire polisson.

20

Ch'est l'mode d'Bapaume, ch'est l'pus sale qui fait l'cuisaine.

21

Calaisien
Tête de chien !

22

Equipage ed Calaisien,
Trois homm' et un cien (chien).

23

Têtes sableuses d'Calais.

24

Gens d'Etape,
I sont d'ces sabes.

25

Les coquettes ed Guines.

26

Cuisinier de Hesdins qui empoisonne le diable.

C'est-à-dire maùvais cuisinier,

27

Quand les Français prendront Hesdins,
Cette truie aura filé son lin.

Comme les Français prirent Hesdins en 1639, ils répondirent à cette inscription par le distique suivant, placé au-dessous de la truie qui filait :

Les François ont pris Hesdins :
Cy cette truy n'a pas filé son lin.

28

Marquisien
Tête ed chien.

On adresse aùx gens de Marquise cette formulette :

Ces marquisiens huchés sus leu bidets
Aveuc des ép'rons à lu pieds
On diroit des coq'-armés !

29

Ch'est comm' ch'curé ed Merlimont
I cante et i répond.

30

Ducasse du Porté (Portel)
Ducasse des portes froumées (fermées).

La ducasse est une fête patronale.

31

Li esgaré de Teroanne.

Les fous de Térouanne.

(XIIIe siècle.)

On sait que cette ville, jadis importante, fut détruite de fond en comble par Charles-Quint en 1553 ; elle ne s'est jamais relevée de ses ruines.

SOURCES

Corblet — 6, 7, 8, 9 *a*, 9 *b*, 10, 13, 27.
Crapelet — 5 *a*, 5 *b*, 31.
Hécart : *Dict. rouchi* — 19, 20.
Intermédiaire — 2.
Leroux de Lincy — 1, 3 *a*, 4, 11.
Oudin — 26.
Mir — 3 *b*.

Communications de :

M. E. Deseille. — 12, 14, 15, 16, 17, 18, 21, 22, 23, 24, 25, 28, 29, 30.

AUVERGNE ET VELAY

L'AUVERGNE ET LES AUVERGNATS

1

De l'Auvergne ne vient ni bon vin, ni bon vent, ni bon argent, ni bonnes gens.

(Forez.)

2

Le trioule en Auvargnat
I la meilloure herba dau prat.

C'est la devise de la petite ville de Thiers qui a pour armoiries une croix double cantonnée de quatre trèfles (trioules.)

(Forez.)

3

a) Proufitous coumo un Aubergnas.

(Languedoc.)

b) Espargnaire coumo un Aubergnas.

Econome comme un Auvergnat.

(Provence.)

4

Coumo un efant de l'Auberni, auriò coupa un soù en dous trosses amé las dents.

Comme un enfant de l'Auvergne, il couperait un sou en deux avec les dents.

(Languedoc.)

5

— Ouverniat preste me sinq sols ?
— Oh ! l'ou aï pas.
— T'in rindrai saï ?
— Oh l'ou aï !

— *Auvergnat prête-moi cinq sols ? — Je ne les ai pas. — Je t'en rendrai six ? — Ah ! je les ai.*

(Haute-Auvergne.)

6

Les Auvergnats et Lymosins
Font leurs affaires puis celles des voisins.

(XVIe siècle.)

7

a) Espino poun e rounze estrasso,
Gavach es fin, Auvergnas passo.

(Provence.)

b) Espigno poun, e rounzo esfato,
Gavo es fi, Auvergnat passo.

L'épine point, la ronce déchire ; — le Gavache est rusé, mais l'Auvergnat l'est bien davantage.

(Languedoc.)

8

Gascon larron,
Ouvergnas son compagnon.

(Languedoc.)

9

Cambia de camiso cado mes coumo lous Aubergnasses.

Changer de chemise chaque mois comme les Auvergnats.

(Languedoc.)

10

a) Laid coume un pesou d'Auvergno.

(Provence.)

b) Lèd coumo un pesoul d'Aubergnas.

Laid comme un pou d'Auvergnat.

(Languedoc.)

11

Dans la *Gazette des tribunaux* du 26 octobre 1832, il y a un procès où des Auvergnats sont injuriés de la façon suivante :

Rapiats ; racines à voleur ;
Auverpins de malheur.

12

Li meilleur mangeurs de rabes sont en Auvergne.

(XIIIe siècle.)

13

Afric de rabets coumo un Aubergnas.

Friand de raves comme un Auvergnat.

(Languedoc.)

14

Chapaire de rabets coumo un Aubergnas.

Voleur de raves comme un Auvergnat.

(Languedoc.)

Cet amour pour la rave était partagé par les Limousins. Rabelais nomme un écolier limousin *masche-rabe*.

15

Ni hommes ni femmes, tous Ouvergnasses !

Ni hommes ni femmes, tous Auvergnats.

C'était la légende d'un dessin de Daumier. Il la tenait de son frotteur qui avait pris part à un bal de porteurs d'eau où le mot avait été dit ; c'est ce que représentait l'estampe.

16

Limagnei, bottas iouna raba
      Su le lei ;
Quand la raba pourriro,
Li Limagnei crabaro.

Limagnier, mets une rave — sous le lit ; — quand la rave pourrira, — le Limagnier crèvera.

(Velay.)

17

Limagnier langue de petas,
Bitoux [1] langue de papas.

[1] Les Bitoux sont habitants des montagnes orientales de l'Auvergne. D'après la tradition, ce nom de Bitoux, donné à ces montagnards, viendrait de Bituitus, dernier roi des Auvergnats. Ce roi,

Limagnier langue de chiffon, — Bitoux langue de bouillie.
(Velay.)

18

a) Sèns lou Cantal e lou Mount-Dor,
Lou bouié d'Auvergno pourtarié l'aguiado d'or.

Sans le Cantal et le Mont-Dor, — les bouviers d'Auvergne porteraient l'aiguillon d'or.

b) San le Liugue et le Montdore [1],
Le païsan d'Ouvernia,
Pourtayot la canna d'or.

Sans le Luguet et le Mont-Dore, — le paysan d'Auvergne — porterait une canne d'or.

c) Labourayot vei iouna relha d'or.

Labourerait avec un soc de charrue d'or.

19

Ne planaras pas la Diuranda [2].

Tu ne niveleras pas la Durande.

Se dit d'un homme qui a plus de prétentions que de mérite.

20

Quand les montagnes se couvrent trois fois avant Noël,
Le Limagne n'aura pas mauvais hiver.

dit-on, habitait ces quartiers et son château se trouvait près **Arlanc**, maintenant chef-lieu de canton, arrondissement d'Ambert (**Puy-de-Dôme**).
[1] Montagnes d'Auvergne.
[2] Montagne de la Haute-Loire.

21

a) Kan Peï-de-Douma pren son tsapé,
Kombaneïra pren son manté.

Quand Puy-de-Dôme prend son chapeau, — Combeneire
prend son manteau.

Combeneire est une montagne près de Saint-Germain-
l'Herm (Puy-de-Dôme).

b) Quand Bar o soun tchapei,
La pleudza z'i aprei.

Quand Bar a son chapeau, — la pluie est près.

Bar est une montagne près Allègre (Haute-Loire), célébrée
par G. Sand dans son roman de Jean de La Roche.

22

a) Quand lou Cantal tiro,
L'autan cello e brido
E lou ploujál
Mounto à cheval.

Quand le Cantal tire, — l'autan est sellé et bridé — et la
pluie — monte à cheval.

(Rouergue.)

b) Quand lou Cantal pren lou capèl
E la Dourdougno son mantèl,
Aco nés pas signe de bèl.

Quand le Cantal prend son chapeau — et la Dordogne son
manteau, — ce n'est pas signe de beau.

c) Quand Cantal porto capèl,
Pastres, prenès vostre mantel.

Quand le Cantal porte chapeau, — pâtres, prenez votre manteau.

23

Si Dôme était sur Dôme [1],
On verrait les portes de Rome.

CANTAL

24

A Sant-Flou
Le bon Dieu fai : hou ! hou !

A Saint-Flour, Dieu fait hou !

Parce que la ville, bâtie sur la hauteur, est ouverte à tous les vents.

(Languedoc.)

HAUTE-LOIRE

25

Femme du Puy, homme de Lyon
Font bonne maison.

26

Le sonneur de Beaulieu, lorsqu'il sonne ses cloches, n'entend pas celles de Malrevers.

Malrevers est un village de la commune de Chaspinhac, canton sud-ouest du Puy, qui n'avait pas d'église et par conséquent de cloches. Depuis 1865, Malrevers est devenu un chef-lieu de commune et de paroisse.

[1] Le Puy-de-Dôme.

27

Entre Bize et Bouzerat,
Le diable se débat ;
Entre Bouzerat et Bize,
On le trouve toujours en chemise.

Ce dicton fait allusion aux vents furieux qui règnent entre
Bize et Bouzerat, hameaux de la commune de Saint-Hilaire,
canton d'Anzon, arrondissement de Brioude.

28

Chevrier de Blesle.

Il y avait jadis beaucoup de chèvres dans le mandement de
Blesle. Elles étaient confiées à la garde d'un berger commu-
nal. Las de son obscurité, ce berger se promit un jour de
faire une action qui le rendît célèbre. Au moment où la vigne
commençait à bourgeonner, il conduisit son troupeau dans le
vignoble des habitants. Elles détruisirent tout. Depuis ce
temps, on dit en proverbe, d'un homme qui croit s'immorta-
liser par des sottises : il fait comme le chevrier de Blesle
(Cf. Olivier de Serres, *Théâtre d'agriculture*, édit. de 1804, t. I
p. 570, 648, et t. II, p. xviii.)

29

Il est allé à Blesle
On lui a coupé le *cri* [1].

Var : Les chèvres lui ont mangé le *cri*.

Se dit d'un homme court de taille.

30

Raide comme la justice de Cohade.

[1] *Bourgeon* terminal d'une plante.

31

Comba, combatiu,
Bouzerat z'o gagna,
Et Bize n'o pas pardiu.

*Combattant, combattu, — Bouzerat a gagné, — et Bize
n'a pas perdu.*

32

Le cura de Couteidja
N'o ma iouna oureillia
D'ioun cartei.

Le curé de Couteuges — n'a qu'une oreille — d'un côté.

L'on doit répondre : Comme toi.

33

Le Mas et la Veza [1]
Se totchoont pas.

Le Mas et la Veze — ne se touchent pas.

Se dit lorsque, dans la conversation, l'un des interlocuteurs
répète souvent ma, ma... (mais).

34

Les sorciers de la Mothe.

35

Montorgues [2]
Totcha leis orgues

---

[1] Ce sont deux hameaux de la commune de Saint-Didier-sur-
Doulon, canton de Paulhaguet, arrondissement de Brioude.
[2] Montorgues est un village de la commune et canton de Paulhaguet, arrondissement de Brioude.

Per faira dansa
Leis bigarras
De Lacoudja [1].

Montorgues — touche les orgues — pour faire danser —
les toqués — de Lacougeac.

36

A Navas [2],
Faont coueïre las favas,
De Lia [3],
Las aouzount farfouilla,
De Celeizi [4],
Las aouzount beli.

A Navat, — on fait cuire les fèves, — d'Alliac, — on les
entend remuer, — de Silusien, — on les entend bouillir.

37

Cave de Pebrac,
Grenier des Chazes,
Trésor de la Chaise-Dieu.

Allusion aux richesses de ces trois monastères de la Basse-
Auvergne.

38

Paulhaguet, petite ville
Et grand caquet.

[1] Lacougeac est un village de la commune de Domeyrat, même
canton.
[2] Village de la commune de Saint-Arcons d'Allier, canton de
Langeac.
[3] Village de la commune de la Chomette, canton de Paulhaguet.
[4] Village de la commune de Siaugues-Saint-Romain, canton de
Langeac.

39

A San Avar,
Vei cen cops de sparvei,
Prendriant pas iouna avoza.

*A Saint-Hilaire, — avec cent coups d'épervier — l'on ne
prendrait pas une alouette.*

40

Il est de l'académie de Sainte-Florine.

Il est de l'académie des ânes ; Sainte-Florine est une commune de l'arrondissement de Brioude.

PUY-DE-DOME

41

Clermont le riche,
Riom le beau
Et Montferrand le fort.

42

Ambert le sale.

43

Quonian d'Ambert.

44

A Issoire, bon vin à boire,
Bon pain à manger et belles filles à voir.

Ce qui pourra être rendu en langue du pays :

> Puë mœaure ni puë coeure
> Ne tzaut pas sourty d'Eyssoeyre
> Ni pas de beun vi bieure
> Et de dzenta filla veyre.

45

Les bazandiers d'Issoire.

Les présomptueux et blagueurs d'Issoire.

46

> Quand il fait deux liards de vent à Thiers,
> Il en fait pour deux sous à Clermont.

47

> Châteldon,
> Petite ville et grand renom.

48

> Nonette le beau,
> Usson le fort,
> Ybois le bien situé,
> Vodable le riche.

Ce sont des châteaux-forts des environs d'Issoire dont il ne reste à peine, maintenant, que quelques pans de murailles.

49

> Faire comme les oysons d'Onat
> Qui se lèvent matin pour boire
> Et ne sortent sitôt d'une table
> Qu'ils entrent à l'autre.

50

Les arbalants de Saint-Germain-Lembron.

Les orgueilleux de Saint-Germain-Lembron.

51

Saint-Germain-Lembron,
Petite ville et grand renom.

52

Il est de l'académie de la Sauvetat[1].
Il est de l'académie de Fromental[2].

Il est de l'académie des ânes.

SOURCES

Annales de la ville d'Issoire, Clermont, Perol, 1848, in-8°, p. 9, 10 — 44, 48.

BACHOT (Gasp.) : *Erreurs populaires touchant la médecine.* Lyon, 1626, in-8°, p. 447 — 49.

CRAPELET : *Proverbes du XIII° siècle* — 7, 12.

DULAURE : *Description des principaux lieux de France,* 5° partie, p. 148 — 41.

GRIVEL (Abbé) : *Chronique du Livradois,* p. 213, 295 — 42, 43.

GRAS : *Dictionnaire du patois forézien* — 2.

Intermédiaire, IV, 378 — 15.

JOANNE : *Guide à Vichy* — 47.

PAUL LE BLANC : De la culture de la vigne et des arbres fruitiers dans l'arrondissement de Brioude, *Bulletin du comice agricole de Brioude,* mars 1863, n° 2, p. 46 — 37.

---

[1] La Sauvetat est un village de la commune d'Authezat, canton de Veyre-Mouton, arrondissement de Clermont.
[2] Fromental est un village de la commune et canton d'Ardes.

LEGRAND D'AUSSY : *Voyage en Auvergne*, t. II, p. 91 — **23**.

MIR : *Glossaire des comparaisons narbonnaises* — 3 *a*, 4, 9, 10 *b*, 13, 14.

MISSOUX (D^r) : Collection de proverbes patois auvergnats, *Ann. scient. littéraires et industrielles de l'Auvergne*, t. X, p. 11 — 21 *a*.

MISTRAL : *Lou trésor dou Felibrige* — 3 *b*, 7 *a*, 8, 10 *a*, 18 *a*, 22 *a*, 22 *b*, 22 *c*, 24.

MONTEL : *Rev. des langues rom.*, IV, 312 — 7 *b*.

PAPIR. MASSONI : *Descriptio Franciæ per flumina*, p. 37 — 6.

Communications de :

MM. PAUL LE BLANC — 1, 5, 16, 17, 18 *b*, 18 *c*, 19, 20, 21 *b*, 25, 26, 27, 28, 29, 30, 31, 32, 33, 34, 35, 36, 38, 39, 40, 45, 46, 50, 51, 52.

EUGÈNE ROLLAND — 11.

BÉARN ET PAYS BASQUE

LES BASQUES

1

Benjatiu coumo un Bascòu.

Vindicatif comme un Basque.

(Languedoc.)

2

a) Courir comme un Basque.

Marcher vite et longtemps. Ce dicton est encore très en usage.

b) Aller du pied comme un Basque.

3

a) Sauter comme un Basque, ou comme un Béarnois.

b) Saut de Basquo.

Explication : touti li jouvèn sautarelejon coume li diable à quatre en fasèn lis uni de saut de Basquo.

4

Dansa coumo un Bascou.

5

a) Un tour de Basque.

Une supercherie.

b) Lou tour doù Bàsco.

Un croc en jambes.

(Languedoc.)

6

Baschi.

Les Basques, c.-à-d. la lie du peuple.

7

a) Touti li Basco anaran au cèu : lou diable eumeme entènd rèn à ço que dison.

(Provence.)

b) Toutz lous Bascous angueran au cèu. Lou diable et mèmo entend pas arré de ço que dison.

Tous les Basques iront au ciel. Le diable lui-même n'entend rien à ce qu'ils disent.

(Gascogne.)

8

Parla Biscaien.

Parler un langage incompréhensible, comme le Basque.

(Limousin.)

9

Bearnés e Basco
S'enténin en jougant dén flasco.

Béarnais et Basques — s'entendent en buvant ensemble.

(Béarn.)

10

Basco,
Carisco-carasco,
Minyo lous ouéus de Pasco,
E si noun n'as prou,
Minyo lous ouéus de Martrou.

Basque, — charabia, — mange les œufs de Pâques, — et si tu n'en as pas assez, — mange les œufs de la Toussaint.

C'est un dicton que les Béarnais adressent aux Basques pour se moquer de la dureté de leur langue.

LE BÉARN ET LES BÉARNAIS

11

C'est la loi du pays de Béarn, que le battu paie l'amende.

12

Lou païs de los Cantos.

Le pays des Chants.

Nom que les habitants des Landes donnent au Béarn.

13

Lou Bearnés soun sus l'autro gent
Coumo l'or es sus l'argent.

Les Béarnais sont au-dessus des autres gens — comme l'or est au-dessus de l'argent.

14

Lou Bearnés ei praube, mès nou cap bocho.

Le Béarnais est pauvre, mais il ne baisse pas la tête.

15

a) Faus e courtés coumo un Biarnés.

(Languedoc.)

b) Bearnés
Faus e courtés

Le Béarnais — est faux, quoique courtois.

(Languedoc.)

c) Bearnes
Faus e courtes
Bigourdan
Piri que can.

Béarnais — faux et courtois, — Bigourdan — pire que chien.

(Gascogne.)

16

Bigordan,
Pir que can.

Le Bigordan — est pire que chien.
(Languedoc.)

17

Anira mau pèr lous Bearnés,
Quouand lous hilhs parlaran francès.

Cela ira mal pour les Béarnais, — quand leurs fils parleront français.

18

Sauter comme un Bearnois.

19

Rouge comme un Bearnés.
(Limousin.)

20

Bed ero hero, bed et ibèr,
Bed ero nèu darrè déu Bèr.

Vois la foire, vois l'hiver, — vois la neige derrière le Ber.
Montagne des environs d'Oloron.

BASSES-PYRÉNÉES

21

Lis esberit.

Les dégourdis, les espiègles.

Sobriquet des gens de Pau.

22

    a) A Baiouno
        Tout se douno ;
        Arribat
        Tout ei dat.

  (Gascogne.)

    b) A Baiouno,
        Tout se douno ;
        Quant i soui anat,
        Tout éro dounat.

*A Bayonne, — tout se donne ; — quand j'y suis allé, —
tout était donné.*

    (Gascogne.)

23

    La cambriero de Baioun,
    Escoubo lou mitan e laisso li cantoun.

*La chambrière de Bayonne, — qui prend le milieu et
laisse le tour.*

    (Languedoc.)

24

Gormant guzia Bayonako.

Tous gourmands, de Bayonne.

    (Proverbe basque.)

25

DICTONS CARACTÉRISTIQUES DES VILLES ET VILLAGES
(EN BASQUE)

Atanturra handi Bayonako.
Pantalon handi Angeluko.
Oro sorgin Miarritzeko.
Arrain saltzaile Bidarteko.
Moto zuri Gethariako.
Chokolat edale Donibaneko.
Moto zikhin Ziburuko.
Oro ohoin Bordagaineko.
Ohore nahi Urruñaco.
Idi adar makur Akotzetako.
Mantcheta handi Hendayako.
Ardi zahar yale Biriatuko.
Oro ezkondu nahi Olhetako.
Zoko moko Askaingo.
Gizon ederra Sarako.
Belhaum buru handi Sempereko.
Salsa yale Ainhoako.
Tipula salsa yale Suraideko.
Sisti-sasta Ezpeletako.
Pimpi-pampa Itsasuko.
Arno edale Kamboko.
Bele yale Halsuko.
Chipa chorro Larresoroko.
Sazki egile hango bereko.
Hauzilari yende Ustaritzeko.
Arrachina saltzaile Arruntzeko.
Bachera egile Arrangoitzeko.

Grandes tentures (gens), de Bayonne. — Grands pan-

talons, d'Anglet. — Tous sorciers, de Biarritz. — Vendeurs de poissons, de Bidard. — Mouchoirs de tête blancs, de Guéthary. — Buveurs de chocolat, de Saint-Jean-de-Luz. — Mouchoirs de tête sales, de Ciboure. — Tous voleurs, de Bordagain. — Désireux d'honneurs, d'Urrugue. — Cornes de bœufs tordues, d'Accots. — Grandes manchettes, d'Hendaye. — Mangeurs de vieilles brebis, de Biriatou. — Tous désireux de se marier, d'Olhette. — Coins et recoins, d'Ascain. — Bel homme, de Sare. — Grosses rotules de genoux, de Saint-Pée. — Mangeurs de sauces, d'Ainhoa. — Mangeurs de sauces à l'oignon, de Souraïde. — A coups de poings, d'Espelette. — A coups de bâtons, d'Itsassou. — Buveurs de vin, de Cambo. — Mangeurs de corbeaux, de Halsou. — Ablettes au ventre, de Larressore. — Faiseurs de paniers, de là même. — Gens processifs, d'Ustaritz. — Vendeurs de chandelles de résines, d'Arraunts. — Faiseurs de vaisselle, d'Arcangues.

26

Escouto-Cigalhos.

Ceux qui écoutent chanter les cigales.

Sobriquet des gens de Gordrest.

27

Les simples d'Itxassou.

Les gens d'Itxassou sont les Béotiens du pays basque : on raconte nombre d'histoires comiques dont ils sont les héros ; celle-ci entre autres. Le marguillier s'apercevant que l'huile de la lampe du sanctuaire était volée chaque nuit, se mit en embuscade. Il vit venir une chauve-souris et l'ajusta ; mais la grande croix des processions était justement dressée sur la ligne de tir, entre la lampe et le marguillier. Pssitt, dit celui-ci pour attirer l'attention de la croix. Et en même temps il lui faisait signe pour qu'elle eût à s'écarter ; mais la croix ne s'écartant pas, il tira : la chauve-souris fut tuée, la lampe

renversée et la croix brisée. Le marguillier prétendait que
c'était la faute de celle-ci, parce qu'il l'avait prévenue de
s'écarter.

SOURCES

Bladé : *Prov. agenais* — 7 *b*, 15 *c*, 22 *a*.

Cerquand : *Lég. du pays basque*, conte n° 89 — 27.

Clément-Simon : *Prov. limousins* — 8.

Duez : *Dictionnaire italien-français*, Genève, 1678 — 6.

Hil. le Gai : *Petite Encycl.* — 11.

Leroux : *Dict. com.* — 2 *a*, 2 *b*.

Leroux de Lincy — 3 *a*, 18.

Mir : *Gloss. narbonn.* — 1, 4, 15 *a*.

Mistral — 7 *a*, 9, 10, 12, 13, 14, 17, 19, 20, 21, 22 *b*, 23,
26.

Montel : *Rev. lang. rom.*, t. IV, 1ʳᵉ série — 15 *b*, 16.

Oudin : *Curiosités* — 5 *a*.

Rev. des langues romanes, VIII, 127-131 — 3 *b*, 5 *b*.

Vinson : *Folk-Lore du pays basque* — 24, 25.

BERRY

LE BERRY ET LES BERRICHONS

1

a) Marqués sur le nez comme les moutons de **Berry**.

Les bergers du Berry ont coutume de marquer leurs moutons sur le nez pour les reconnoître. On a fait un proverbe de

cet usage, que l'on emploie en parlant de ceux qui par querelle ou autre accident sont marqués au nez. (Fleury de Bellingen, Etymol., p. 349.) Actuellement, en Poitou, on applique ce dicton, pour leur faire honte, aux enfants qui se barbouillent.

b) Marquat au nas coume un mouton de Berri.

c) Marcat sul nas coumo un moutou de Berri.

(Languedoc.)

2

Mangeux d'chièbe.

Sobriquet donné par les Marchois aux Berrichons, parce que ceux-ci mangent beaucoup de chevreaux.

3

Un taille-bacon de la Brenne.

C.-à-d. un fanfaron. La Brenne est un pays du Berry.

4

Les Colidons.

Sobriquet donné aux gens de la ville par les vignerons.

5

Les ch'tis laquaisiaux de la ville.

Sobriquet donné aux gens de la ville par les paysans.

6

Les Ligoustrats.

Sobriquet donné aux ouvriers des pays montagneux du Centre qui ont l'habitude d'émigrer chaque année vers Paris.

7

Les culs-jaunes.

Ouvriers des minerais de fer du Berry ; ces minerais se
trouvent dans les terres argileuses.

CHER

8

a) Il représente les armes de Bourges : un âne dans un
fauteuil.

Cela se dit quand on voit un homme de peu de mérite se
planter dans un fauteuil, en compagnie, pendant que d'autres
personnes qui sont plus que lui sont assises sur des chaises.

b) Il représenterait bin les armes de Bourges.

On dit cela d'un niais, d'un ignorant. Les armes de Bourges
ne portaient point du tout un âne assis dans un fauteuil.
Asinus in cathedra. Il y eut, au siècle dernier, toute une discussion à ce sujet (Mercure de France, février 1746, août
1746). D'après le second article, qui réfute avec une patrio-
tique indignation le premier, il existait autrefois, à l'Hôtel-
de-Ville de Bourges, un tableau qui représentait un général
romain se faisant porter au combat dans un fauteuil ; on lisait
sur l'inscription *Asinius in cathedra*, dont on a fait *Asinus.*
C'est la suppression de l'i qui aurait donné naissance au
dicton.

9

Les Pieds-Jaunes.

Nom donné aux vignerons de Bourges.

10

Li lichieor de Bórges.

Les gourmands, les friands de Bourges.

(xiii⁰ siècle.)

11

Il est comme les orfèvres de Bourges, il ne travaille point faute de matière.

Cela veut dire que les orfèvres de Bourges étaient peu renommés et par conséquent peu occupés.

12

Etre du bon Dieu de Bourges et du diable de Tours.

Avant la révolution, la partie ouest de l'Indre faisait partie de la généralité de Tours et du diocèse de Bourges. De là ce dicton que les habitants employaient plaisamment.

13

La Vendée de Sancerre.

Ce sobriquet s'est conservé pour désigner le soulèvement royaliste de Sancerre.

14

Les pistolets de Sancerre.

Lorsque le maréchal de La Chastre assiégea Sancerre, cent cinquante vignerons causèrent avec leurs frondes un tel désordre parmi les assiégeants que ceux-ci les nommèrent les pistolets de Sancerre, comme si les pierres que jetaient ces paysans eussent produit le même effet que les balles de pistolet. Ce nom est demeuré jusqu'à présent et est encore aujourd'hui commun dans tout le voisinage.

15

Désargenté comme le crucifix d'Asnières.

Dicton tiré des profanations commises par les protestants à l'église d'Asnières, près Bourges.

16

Les hannetons d'Asnières.

Au temps de la ligue, il a couru contre les huguenots une chanson où ils étaient représentés comme des hannetons, sorte de plaie d'Egypte, qui vient gâter les récoltes de la vigne. On dit aussi les Anetons d'Asnières.

17

Chacun à son tour, comme à la Brigaudière.

Ce village, situé auprès de Saint-Genou, n'a qu'un puits pour lequel chaque ménage a un treuil (tour) portatif, muni de sa corde, et que l'on apporte chaque fois qu'on veut tirer de l'eau.

18

Les meneux de loups de Gournay.

19

Les essorillés de Mouhers.

En patois berrichon, essourillé veut dire vif, gai, qui est en éveil. Le comte Jaubert rattache l'origine du dicton à cet adjectif plutôt qu'à la signification française : qui a les cheveux courts ou qui n'a plus d'oreilles. Il est possible que le calembourg ait été pour beaucoup dans ce dicton.

20

Les Grecs de Neuvy Saint-Sépulcre.

Jaubert, au mot Grec (supplément) fait observer que ce mot a parfois le sens de difficile (à vivre).

21

Milan a fait Meillant.

Ce vieux dicton, fondé sur un jeu de mots, se rattache au beau château de Meillant, magnifiquement restauré par le cardinal d'Amboise, ou par son neveu, Charles d'Amboise, qui avait amassé de grandes richesses comme gouverneur du Milanais.

INDRE

22

Les villerots de Châteauroux.

Sobriquet donné par les paysans aux habitants de Châteauroux.

23

Les glorieux d'Issoudun (et de Tranzault).

Un savant berrichon donne pour origine à ce surnom les habitudes de bonne compagnie et de beau langage que durent introduire dans cette ville les deux cours polies des deux reines Marguerite, sœurs de François Ier et de Henri II. Ce nom de glorieux est, en beaucoup de provinces, appliqué à des villes ou à des bourgs simplement à cause de l'orgueil ou du luxe des habitants.

24

Les Machabées.

Surnom donné aux vignerons d'Issoudun.

25

Les Pétrats d'Issoudun.

Pétrat — paysan grossier.

26

J'ai besoin d'aller à Argenton.

Il y a longtemps que je n'ai été à Argenton.

Je n'ai plus d'argent. (Jeu de mots.) Argenton est **une ville** de l'Indre.

27

Les Samaritains de Cluis-Dessous.

28

Les Cinauds de Cluis-Dessous.

29

Aller à Crevant.

C.-à-d. mourir. (Jeu de mots.) Crevant est un bourg voisin de La Châtre.

30

Les turquins de Déols.

Ce sobriquet était donné à ceux de Déols par les habitants de Châteauroux. Il y a eu longtemps rivalité entre les deux localités ; naguère encore il s'est donné de petites batailles rangées entre les enfants de Déols et ceux de Châteauroux.

31

Les sorciers d'Herry.

32

Les faux témoins de Montipouret.

Cette *sornette* est tombée en désuétude.

33

La Vendée de Palluau.

Allusion au soulèvement de cette contrée au moment de la Révolution.

34

Paunay, Saunay, Rosnay, Villiers,
Quatre paroisses de sorciers.

35

Défiez-vous des chemins de Saint-Chartier, des femmes
de la Châtre et de la justice de Sainte-Sévère.

Ce dernier dicton, que le comte Jaubert ne cherche pas à
expliquer, pourrait bien reposer simplement sur un jeu de
mots.

36

Les Anglais de Sainte-Sévère.

Sobriquet donné aux habitants de cette petite ville, depuis
qu'ils firent cause commune avec les Anglais au XIV° siècle.

SOURCES

CRAPELET — 10.

FLEURY DE BELLINGEN : *Etym. des Proverbes* — 1 *a*, 13.

Inv. alphabétique du Languedoc — 1 *b*.

JAUBERT : *Glossaire du Centre* — 2, 4, 5, 6, 7, 8 *b*, 9, 12, 14,
15, 16, 17, 18, 19, 20, 21, 22, 23, 24, 25, 26, 27, 28, 29, 30,
31, 32, 33, 35, 36.

LEROUX : *Dict. comique* — 8 *a*.

LEROUX DE LINCY — 11.

MIR — *Comp. narbonn.* — 1 *c*.

RABELAIS : I, ch. III — 3.

TREMBLAIS (de la) : *Esq. pitt. de l'Indre* — 34.

BOURBONNAIS

LE BOURBONNAIS ET LES BOURBONNAIS

1

Une tarte bourbonnaise.

Document humain où la matière est abondante et forme comme une tourte. C'est un jeu de mots, par allusion au mot *bourbe*. Un écrivain (Despériers) ne comprenant pas l'expression, en a imaginé l'explication suivante :

C'est un bourbier tel qu'il s'en trouve en divers endroits des chemins du Bourbonnois. Le dehors, qui paraît sec et uni, ressemblant à une grande tarte, invite ceux qui ne connaissent pas le terrain à passer dessus, et ils enfoncent dans une boue liquide et infecte.

2

Aureilluz (grandes oreilles) de Bourbonnais.

Dicton du moyen-âge.

3

a) Bourbonichon,
Dos de velours,
Ventre de son.

b) Bourbonichons,
Habits dorés,
Ventres de son.

4

Bourbonichons, crieurs de Roy, boit et mangeurs de gâteaux.

ALLIER

5

Les musards de Cressanges.

ÉPIGRAMME SUR LE DROIT DE MUSE.

Pour ne point enfreindre les lois
De votre bon seigneur des Noix,
Vous irez dans le cimetière
Le dernier mardi de ce mois (Mars),
Vous autres vilains Cressangeois,
Et là les deux genoux en terre,
Au milieu des quatorze croix,
Ferez d'abord une prière,
Et puis pourrez aller, venir,
Vous promener, mais non sortir
Hors de la demeure dernière
Où dormirez à l'advenir,
Jusqu'à la diurne lumière
Que le matin fera surgir.
Entre vous ne devrez mot dire.
(A moins que par un cas fort pressant),
Mais jamais ne chanter ni rire.

Et si par hazard un passant,
Ignorant le vouloir du sire,
Venait un bâton à la main,
Pour vous demander son chemin,
Vous lui ferez la moue. afin
Que ce voyant il se retire
Pour ne point vos voix déconfire ;
Et direz à tous : Mars est Mars,
A Cressanges sont les Musards.
Si défaillez à l'ordonnance,
Vous donnerez un sou sept fois
Et six deniers de redevance
A votre bon seigneur des Noix.

SOURCES

BACHOT (Gasp.) : *Erreurs populaires touchant la médecine.* Lyon,
1626, in-8°, p. 446 — 4.

BLAVIGNAC : *L'Empro genevois* — 2.
MÉLUSINE — 3 *a*.
OUDIN — 1.
Société d'émulation de l'Allier, 1854, p. 197-8 — 5.

Communication de M. Paul LE BLANC — 3 *b*.

————— --

BOURGOGNE

LA BOURGOGNE ET LES BOURGUIGNONS

1

Escuier de Bourgogne.
    (XIIIe siècle.)

2

Il regarde en Bourgogne la Champagne qui brûle.
Il louche.

3

Parole de Bourguignon
Vaut une obligation.

4

Franc comme un Bourguignon.

5

Foi de Normand, vérité de Gascon, perfidie de Lorrain, entêtement de Bourguignon, franchise de Picard, simplicité de Champenois, ladrerie de Juif, etc.

6

Après le coup, Bourguignon sage.

(xviᵉ siècle.)

7

a) Li plus renoié en Borgoingne ; et reni Dieu, se ne di voir.

Les plus renieurs (blasphémateurs) sont en Bourgogne qui disent : Je renie Dieu si je ne dis la vérité.

Je crois que ceci ne doit s'entendre que des jurons dont les anciens Bourguignons faisaient un fréquent usage. Car on dit aussi :

Jurer comme un Bourguignon.

(xiiiᵉ siècle.)

b) La dévotion du Bourguignon
Ne vaut pas un bouchon.

(Franche-Comté.)

8

Quatre-vingt-dix-neuf pigeons et un Bourguignon font cent voleurs.

9

a) Bourguignon salé.

Jadis cela se disait de ceux qui salaient trop leur viande.

b) Bourguignon salé,

L'épée au côté,

La barbe au menton,

Saute, Bourguignon.

c) Bourguignon salé,

L'épée au côté,

La mûle (engelure) au talon, ou les mûles.

Sauve, Bourguignon.

d) Mardi gras salé,

L'épaye au côté,

La barbe au monton,

Saute, Bourguignon.

(Poitou.)

Les Bourguignons furent appelés de nous autres, par manière de mocquerie, salez, lequel surnom je croy avoir esté par eux apporté du païs de Germanie, pour autant que tant qu'ils résidèrent au païs de delà le Rhin, ils querellèrent perpétuellement les Allemans à propos de leurs salines. (Pasquier, *Recherches*, I, 9.)

Bernard Palissy prétend que ce fut en Bourgogne qu'on employa le sel pour la première fois dans les baptêmes, et il ajoute : Et c'est de là qu'on dit Bourguignon salé.

e) Bourguignoun salat,

L'espaso au coustat,

La barbo au mentoun,

Sauto, bourguignoun.

Ce dicton, qui sert de formulette à un jeu d'enfant, se rapporte, dit-on, à une troupe de Bourguignons taillés en pièces en 1412 à Aigues-Mortes et dont les cadavres furent salés.

(Languedoc.)

Tous ces essais d'explication de l'épithète *salé* montrent que le sens en est perdu.

10

Au respect que je vous dois, j'ai deux Bourguignons à saigner. — Je vais saigner mon Bourguignon, c.-à-d. mon cochon.

(Dauphiné.)

11

L'Armançon,
Méchante rivière et bon poisson.

LE BUGEY ET LA BRESSE

12

En Bugey, le plus honnête homme a volé deux paires de bœufs.

C'est la réputation que leur font des voisins jaloux et médisants, les Bressans.

13

Quand on Bressan a brisa son sabeu,
Y é lou meliou seudat dé France.

Quand un Bressan a cassé ses sabots, — c'est le meilleur soldat de France.

Le général Joubert appréciait beaucoup la froide et solide valeur de ses compatriotes.

AIN

14

Les Juifs de Trévoux.

Le commerce avait attiré beaucoup de Juifs dans cette ville.

15

Los Gormands d'Ambéru.

Les gourmands d'Ambérieu.

16

Tout magno qu'a vu Beauja, Pont-de-Vaylo et Pont-de-Vô,
N'a pas po qu'on li baille su lou no.

*Tout garçon qui a vu Bâgé, Pont-de-Veyle et Pont-de-
Vaux, — n'a pas peur qu'on lui donne sur le nez.*

Tout homme qui a voyagé, est devenu brave et hardi. Ces
deux vers se retrouvent dans une vieille chanson bressanne,
publiée par M. Philibert Leduc. Ils sont devenus proverbe.

17

Les tiaques (niais) d'Hotonnes.

Le beau village d'Hotonnes est dans le Bugey l'objet de
contes excentriques, le lieu où se passent toutes les aventures
comiques de la contrée. Lorsqu'à la veillée on commence :
« Un jour, un homme d'Hotonnes… », le sourire vient sur les
lèvres ; on sait qu'on va s'amuser. Voici un des récits où les
gens de ce pays sont mis en scène :
Un homme d'Hotonnes avait un magnifique sapin. Un jour,
il voulut le couper pour en faire de l'argent. Il monte à la
forêt, abat son arbre et admire les énormes branches dont il
est orné. « — Si je le vends, c'est pour en faire une poutre,
dit-il, les branches seront inutiles à l'acquéreur qui ne m'en
donnera pas un sou de plus. » Il coupe les branches et les
amoncelle en fagots sous son hangar. Il retourne à son sapin.
— « L'écorce non plus ne peut servir à l'acquéreur. » Il écorce
son sapin et monte l'écorce dans son grenier. Il revient.
— « Voilà des nœuds et des rugosités qui rendent mon sapin
bien laid, pensa-t-il ; je vais les raboter. » Il prit une var-
lope et aplanit toute la journée. Le soir, il descendit une
quantité énorme de riflures et de copeaux et les mit sur la
voûte de son four. « — Je n'aurai pas de quoi allumer mon

feu tout cet hiver, pensa-t-il ; que je rabote encore un peu ou non, mon marchand ne s'en apercevra pas. » Il prit une *plane* et travailla si bien que de son gros sapin il ne lui resta que de quoi faire une quenouillette à sa femme.

18

Elle est comme l'épousée de Mépillat,
Qui resta tota appareilla.

Le village de Mépillat est célèbre par l'aventure d'une jeune fille abandonnée au moment où elle allait se marier.

19

I vo miao étrè cavelo dé Talchao, que fène de Bion.

Il vaut mieux être jument à Talissieux, que femme à Béon.

Les femmes de cette dernière localité sont, en effet, soumises à un travail des plus pénibles et des plus durs.

20

Pé cognetret on Valromeysan, è faut dremi (ou coussiet) sept ans avouet lui, et, le septiemo an, on voudreu qué lé diablo l'ousset importa.

Pour connaître un Valromeysan, il faut coucher sept ans avec lui, et, la septième année, on voudrait que le diable l'eût emporté.

COTE-D'OR

21

Qui voit Dijon
N'a pa au lon.

On aperçoit de loin Dijon.

22

a) Les moqueurs de Dijon.

Ce sobriquet, qui date du xvi° siècle, est encore aujourd'hu
le vrai sobriquet du Dijonais. La forme « les Moqueu d
Dijon » est patoise.

b) Les médisans de Dijon.

Au siècle dernier, on demandait volontiers : « Que fait-on
Dijon ? — L'on sonne et l'on médit. » C'était, paraît-il, 1
grande occupation, et quand on songe que la ville possédai
plus de trente églises, chapelles ou couvents, quand on lit le
noëls et les *lanturlus* qui nous restent de cette époque, o
trouve un certain à-propos au dicton.

23

Les cochons de Dijon,
Dos de velours, ventre de son.

24

Les moutardiers de Dijon.

La moutarde de Dijon a une célébrité qui date de loin.

25

Prophète de Dijon; quand il voit sortir de la fumée d
la cheminée, il dit qu'il y a du feu à la maison.

26

Les buveu de Béane (Beaune).

27

Les ânes de Beaune.

Un jour que l'autorité municipale faisait pêcher dans le

fossés de Beaune, on sentit que le filet contenait quelque chose de très pesant. « — Allez chercher Monsieur le maire, s'écria l'adjoint, nous tenons bonne prise ; *é faut qu'il en é le plaisi.* » Cependant les pêcheurs, impatients, tiraient toujours le filet ; enfin apparut un âne les quatre fers en l'air. « *Brochai farrai,* s'écria un des Dijonnais, allez dire à M. le maire *que ce n'a qu'ein âne.* »

28

Lé gorman.

Sobriquet de Châtillon. Allusion aux truites renommées que l'on pêchait aux environs de Châtillon.

29

Chaitillon, li meire de forge.

Châtillon, la mère des forges.

Ancien proverbe.

30

Les barbares de Semur.

31

Enterrou de taupe vicante.

Sobriquet des gens d'Ancey qui, voulant se venger d'une taupe qui bouleversait leurs jardins, la condamnèrent à être enterrée vivante.

32

Les traîtres d'Auxonne.

Les gens d'Auxonne firent prisonnier ls vicomte de Ta-annes, ligueur, et celui-ci se fit peindre en un tableau où il appelait les Auxonnois traîtres.

33

Le café d'Auxonne.

Par plaisanterie, plusieurs personnes appellent les gaudes
ainsi à cause de leur couleur jaune ; offrir à quelqu'un du café
d'Auxonne, c'est lui offrir des gaudes.

34

Lé dépendou d'andouille.

Les imbéciles. Sobriquet des gens de Barjon ; on raconte
sur eux plusieurs histoires dont voici la plus plaisante.

Un jour les anciens vont trouver le curé : « — Note sain el
a tô devourai ; j'allon en échetai ein autre : baillé no conseil.
— Mon Dieu, c'est bien facile, dit le curé, il nous faut quelque
chose de vivant... » Jacquot Renevier et Pierrot Galimardet,
deux fortes têtes, partent pour Dijon et commandent le saint :
« — Ma surtout qu'ai so bé vican, disent-ils au sculpteur ; ça
nos a requemandai. » La caisse est chargée sur la voiture, et
hue la grise ! A Epagny, Pierrot rompt le silence : « — J'son
vôlai ! Ai ne roge pa. » On boit une chopine à Is–sur–Tilles,
et les idées viennent : « — Padai ! i diron qu'el a mo en
route. » Mais la malice du paysan reprend le dessus. Pourquoi ne livrerait-on pas le saint sans rien dire ? Pierrot se
charge de l'affaire. Dès le lendemain matin, il était à la cure
et y déposait sa caisse, et comme le curé en ouvrit un coin et
parut content : « Enfoncé, disait Pierrot en se frottant les
mains ; ai n'y ai ran vu du tô, le bitou ! »

35

Les indiôle.

Les simples, sobriquet des gens de Buncey.

Le conseil municipal ne pouvait se compter. Pour trancher
la difficulté, on apporte un jour une tarte bourbonnaise
chaque conseiller y fait un trou avec le doigt, puis on compte
les trous.

Ce même conseil envoya *six indiôle* prendre la hauteur du
pont neuf de Semur. N'ayant pas de corde, ils imaginèrent de
se pendre les uns après les autres au milieu de l'arche principale afin d'arriver jusqu'à l'Armançon. Cependant le premier

Buncéen, fatigué de cette charge énorme, dit à son compagnon : « — Lamoi ! y ne peu pu me crampi aipré lai piarre. — Craiche dans té doi ! répond l'autre. »

36

Les ânes de Chaignay.

On raconte qu'un paysan de cette commune, voulant envoyer *ad patres* son « habillé de soie », en prévint le saigneur du village. Suivant la coutume, on se lève avant l'aube, on *tue le ver*, puis on va procéder à l'opération. Quatre hommes se jettent sur la pauvre bête endormie, lui saisissent les membres et le saigneur fait sa besogne. Mais le cochon ne crie pas. Tout à coup : « — Compare, dit l'un, ton couchon, el a don farré ? — Ha ! s'écrie le maître du logis, çà lai leurôtte que j'on saingnée. » Ayant trop tué le ver, ils s'étaient trompés de porte et avaient mis l'ânesse à mort.

37

Lé beuré.

Les bœufs ; les bêtes.

Sobriquet des gens de Saint-Jean-de-Bœuf. On raconte sur eux nombre d'histoires comiques.

Un jour que la bise faisait onduler leurs blés, les habitants de Saint-Jean-de-Bœuf s'imaginèrent qu'ils fuyaient. Grand émoi dans le village ! On prend le petit saint Jean et on le porte processionnellement dans les blés qui fuient de plus belle. Les *beuré*, dépités, le remplacent par le grand saint Jean qui, à peine dans les champs, fait rentrer les blés en place. Alors une vieille s'écria : « Vai ! vai ! n'y é enco chaisse que de veil chein ! »

SAONE-ET-LOIRE

38

Les baufreurs de Mascon.

BLASON.   8

39

Li larron de Mascon.

Les voleurs de Mâcon.

Il est permis de conjecturer que cette injurieuse dénomination peut être due aux fraudes trop fréquentes dans le commerce de vin, qui, de tout temps très considérable à Mâcon, a
pu donner lieu à un plus grand nombre de supercheries dans
cette ville.

(xiiiᵉ siècle.)

YONNE

40

Li buveor d'Aucerre.

Les buveurs d'Auxerre.

La quantité et la qualité du vin que produit l'Auxerrois a
sans doute fait donner cette dénomination aux habitants.

(xiiiᵉ siècle.)

41

Les oisons d'Avallon.

42

Les Grandgouziers d'Avallon.

43

Les Maillotins de Joigny.

44

Li chanteur de Sens.

Les chanteurs de Sens.

Ce dicto viendrait de l'école de chant établie à Sens par Charlemagne et qui fut célèbre pendant tout le moyen-âge.

(XIIIᵉ siècle.)

45

Les sansonnets.

46

Li cloistrier de Sens.

Les moines cloîtrés de Sens.

(XIIIᵉ siècle.)

47

Les crapauds de Sens.

————

SOURCES

CLÉMENT-JANIN : *Sobriquets de la Côte-d'Or* — 22 *a*, 22 *b*, 23, 24, 25, 28, 31, 32, 33, 34, 35, 36, 37.

CRAPELET — 1, 3, 4, 7 *a*, 39, 40, 44, 46.

DESAIVRE : *Formulettes* — 9 *e*.

HILAIRE LE GAI — 2.

Intermédiaire, III, 168 — 8, 30, 41, 42, 45, 47.

LEROUX — 11.

LEROUX DE LINCY — 6, 38.

MÉLUSINE — 9 *b*.

MÉRY — 5.

MIGNARD : *Histoire de l'idiome bourguignon* — 21, 26, 27, 29.

MISTRAL — 9 *e.*

NOËL DU FAIL — 42.

PERRON : *Prov. de la Franche-Comté* — 7 *b*, 9 *a*, 9 *c*, 10.

Communications de :

M. VINGTRINIER — 12, 13, 14, 15, 16, 17, 18, 19, 20.

———

BRETAGNE

LA BRETAGNE ET LES BRETONS [1]

1

a) Têtu comme un Breton.

(Toute la France.)

b) Testut coumo un Bretoun.

(Languedoc.)

c) Tête de Breton.

(Paris, etc.)

2

a) Le Breton menace quand il a féru (frappé).

(xvᵉ siècle.)

---

[1] Nous ne donnons ici qu'un nombre relativement petit des sobriquets de la Bretagne ; M. Sébillot en a recueilli environ un millier qui paraîtront prochainement sous le titre de *Blason populaire de la Bretagne.*

b) Fa coumo loun Bretoun, que menaço quand a tustat.

(Languedoc.)

3

Après le coup sage Breton.

Ces deux ducs estoient sages après le coup, comme on dit des Bretons et généralement des François (Commines).

(xve siècle.)

4

a) Li plus fol en Bretaigne.

(xiiie siècle.)

b) Les plus sots en Bretaigne.

Sans doute à cause de l'ignorance de la langue française où était une partie de cette province. Crapelet suppose que ce sobriquet leur vint aussi de ce qu'ils ne connaissaient les nouvelles de France que longtemps après qu'elles étaient arrivées.

(xiiie siècle.)

Sale comme un Breton.

(Poitou, Anjou, etc.)

6

a) Un tour de Breton.

Un croc en jambes.

b) Faire faire le saut de Breton.

C'est, dans le style comique, renverser les desseins de quelqu'un.

7

a) Boire à la bretesque.

b) Boire à la mode de Bretaigne.

C'est-à-dire ne rien laisser dans le verre.

(xvie siècle.)

8

a) A cadet de Normandie,
Espée, bidet et la vie ;
A cadet de la Bretagne,
Ce que son industrie gagne ;
Et à cadet de Gascogne,
Souvent rien que galle et rogne.

Ce proverbe ne parle que des cadets de ces trois provinces, et il est fondé sur les coutumes de ces pays. En Normandie, les cadets de noblesse n'ont rien. En Bretagne, la noblesse peut, sans déroger, faire le négoce, et, par ce moyen, les cadets de gentilshommes amassent souvent de grands biens. Pour la Gascogne, on sait, comme dit le proverbe, qu'ils n'ont que la cape et l'épée et qu'à peine ont-ils de quoi s'habiller.

La partie du dicton relative aux Bretons était populaire en Provence :

b) Cadet de Bretagna
N'a que ce que gagna.

Cadet de Bretagne — n'a que ce qu'il gagne.

(Provence.)

9

a) Bon breton de Léon, bon françois de Vannes.

Ce proverbe est relatif aux prétentions qu'ont ces deux provinces de parler l'une et l'autre le breton le plus pur.

b) Brezounek Leon ha gallek Gwened.

Breton de Léon et français de Vannes.

10

Gwella gallek,
Gallek Gwened.

Le meilleur français, — le français de Vannes.

11

Non ha oui,
Setu gallek ann ti.

Non et oui, — c'est tout le français de la maison.

12

Koms brezounek evel eur personn.

Parler breton comme un curé.

Breton de curé est en Bretagne synonyme de latin de cuisine.

13

E Breiz na'z euz namet daou escopti
E pere na c'houezer prezegi.

En Bretagne, il n'y a que deux évêchés — où l'on ne sache prêcher.

Ce sont les évêchés de Rennes et de Nantes, où l'on ne prêche qu'en français.

14

Komps brézonek evel eun Normand.

Parler breton comme un Normand.

15

C'est du bas-breton pour moi.

Cela se dit d'un discours ou d'une langue qu'on n'entend point. Abélard disait déjà, en parlant du breton : *Lingua mihi ignota et turpis.*

16

Sod evel eur Gwennedad,
Brusk evel eur C'hernevad,
Laër evel eul Leonard,
Traïtour evel un Tregeriad.

Sot comme un Vannetais — brutal comme un Cornouaillais, — voleur comme un Léonard, — traître comme un Trégorrois.

Ce dicton fait allusion aux défauts que chacune de ces parties de la Basse-Bretagne attribue à ses voisins.

17

Panez, panezeun !
Eul Leonard na zebr ta ken.

Panais ! panais ! — le seul manger du Léonais.

18

Gallo brein.

Gallo pourri.

C'est une des injures que les Bretons bretonnants adressent à leurs compatriotes qui ne savent que le français.

19

Courtes vestes.

Au petit séminaire de Tréguier, les Bretons bretonnants appelaient ainsi les élèves qui ne savaient que le français. La plupart étaient originaires de la campagne où l'on porte de courtes vestes appelées toutronds. Les élèves gallos, de leur côté, pour se moquer du langage de leurs condisciples bretonnants, les appelaient, à cause de leur prononciation :

20

Hacheurs de paille.

21

Menez Arré kein Breiz.

Montagnes d'Arré dos de la Bretagne.

Cette métaphore si expressive se retrouve en gaulois et elle a survécu dans le nom de la chaîne des Cévennes. Le mot gaulois *Cebenna* (c'est le nom ancien de la chaîne) signifiait « dos » et c'est à ce mot que correspond le breton *kein* (plus anciennement *cefn*), et le gallois *cefn*. Le gallois *cefn* « dos », avec une épithète ou avec un substantif qui en dépend, est un terme fréquent dans la toponymie du Pays de Galles.

22

Mor Kerne a zo peskeduz,
Douar Leon a zo eduz.

La mer de Cornouaille est poissonneuse, — la terre de Léon abonde en blé.

23

Comme la terre de Mené, cent francs la huchée.

Ce dicton exprime la pauvreté de la terre de cette partie des Côtes-du-Nord où les landes abondent, ou plutôt abondaient.

24

Qui voit Belle-Ile
Voit son île,
Qui voit Groix
Voit sa joie,
Qui voit Ouessant
Voit son sang.

COTES-DU-NORD

25

a) Les jeunes gens de Saint-Brieuc,
Les monsieux de Lamballe,
Les gas de Moncontour.

b) Les ouvriers de Saint-Brieuc,
Les messieurs de Lamballe
Et les gas de Moncontour.

Ces dictons sont relatifs aux prétentions de trois villes,
jadis rivales.

26

Iotaerienn, debrerienn kaol,
Ar Zant-Briegiz a zo holl.

*Mangeurs de bouillie et de choux, — à Saint-Brieuc ils le
sont tous.*

27

Qui a Bretagne sans Jugon
A chape sans chaperon.

Les Jugonais répètent encore ce dicton du moyen-âge. Le château de Jugon, aujourd'hui détruit, situé sur une hauteur et protégé par des étangs, était l'une des plus fortes places de Bretagne avant l'invention de l'artillerie.

28

Eur maill eo eul Lan-Balad
Evid ober kleuziou mad.

C'est un maître que le Lamballais — pour faire de bonnes clôtures.

Les gens des environs de Lamballes sont encore renommés, et à juste titre, pour leur habileté à construire des talus.

29

Matignon,
Petite ville et grand renom.

Ce dicton vient sans doute de ce que deux maréchaux de France ont porté le nom de cette petite ville. On ajoute parfois :

Après Matignon, Plurien.

Il y a une commune de ce nom qui en est voisine.

30

Moncontour,
Ville de tours.

La ville de Moncontour était entourée d'une enceinte fortifiée et défendue par de nombreuses tours dont plusieurs existent encore.

31

Les usuriers de Moncontour.

Dicton des paysans des environs, aujourd'hui presque tombé en désuétude.

FINISTÈRE

32

Kastel
Santel,
Kemper
A gaer,
Oriant
Ar goant.

Saint-Pol — la sainte, — Quimper — la belle, — Lorient — la jolie.

33

Brest, le pot de chambre de la France.

Cette ville est ainsi nommée à cause de son climat pluvieux. On donne à Rouen le sobriquet de pot de chambre de la Normandie.

34

Penn-sardinenn ar C'houkiz,
Penn-eog ar C'hastel-Liniz,
Ha penn-merluz ar C'hon-Bridiz.

Tête de sardine ceux de Concarneau, — tête de saumon ceux de Châteaulin, — tête de merlu ceux de Combrit.

35

Kompeza Brasparz,
Diveina Berrien,

Diradenna Plouie,
Tri zra impossubl da Zouè.

*Aplanir Braspars, — épierrer Berrien, — Arracher la
fougère de Plouyé, — trois choses impossibles à Dieu.*

36

Personn Fors a zo bîniaouer,
Personn Fouesnant a zo bombarder,
Personn Santez Anna a zo danser,
Personn Sant Evarzek a zo barazer,
Personn Benn-Odet a zo plonjer,
Personn Ploneour a zo neuier,
Personn Pont-Kroaz a zo meste skolaer,
Personn Douarnenez a zo pesketaer,
Personn Sant Vaze a zo pomper,
Personn Sant Kaourintin a zo kouezer,
Personn Ker-Feuntun a zo arer,
Personn Erch'ie-Vras a zo falc'her,
Personn Erc'hie-Vihan a zo minuzer,
Personn Lok-Ronan a zo gwiader,
Personn Pleben a zo masoner,
Personn Fouillou a zo pillaouer,
Personn Lok-Kerret a zo stouper,
Personn Plonevez a zo boutaouer,
Personn Korre a zo bozer,
Personn Torc'h a zo krampoezer,
Personn Elliant a zo millioner,
Personn Sant Divi a zo marrer,
Personn Skaer a zo gourenner,
Personn Rosporden a zo toker,
Personn Kernerel a zo kemener,
Personn Banalek a zo galouper,
Personn Melgven a zo fougeer,

Personn Benek a zo lanner,
Personn Konk-Kerne a zo bager,
Personn San-Riek a zo morer,
Personn Tregunk a zo piker,
Personn Kemperle a zo kivijer,
Personn Nevet a zo boulanjer,
Personn Pond Aen a zo miliner.

Le recteur de La Forêt est joueur de biniou, — celui de Fouesnant joueur de bombarde. — Le recteur de Sainte-Anne est danseur, — celui de Saint-Evarzec tonnelier. — Le recteur de Bénodet est plongeur, — celui de Plounéour nageur. — Le recteur de Pontcroix est maître d'école, — celui de Douarnenez pêcheur. — Le recteur de Saint-Mathieu est pompier, — celui de Saint-Corentin buandier. — Le recteur de Kerfeunteun est laboureur, — celui du Grand-Ergué faucheur. — Le recteur du Petit-Ergué est menuisier, — celui de Locronan tisserand. — Le recteur de Pleyben est maçon, — celui de La Forêt chiffonnier. — Le recteur de Loqueffret est marchand d'étoupes, — celui de Plonevez sabotier. — Le recteur de Coray est boucher, — celui de Tourc'h crêpier. — Le recteur d'Elliant est millionnaire, — celui de Saint-Divy écobueur. — Le recteur de Scaër est lutteur, — celui de Rosporden chapelier. — Le recteur de Kernevel est tailleur, — celui de Bannalec coureur d'aventures. — Le recteur de Melgven est fanfaron, — celui de Beuzec coupeur d'ajoncs. — Le recteur de Concarneau est constructeur de barques, — celui de Lanriec marinier. — Le recteur de Trégunc est piqueur de pierres, — celui de Quimperlé tanneur. — Le recteur de Nevet est boulanger, — celui de Pontaven meunier.

Pris isolément, chaque vers de cette petite pièce, qui n'est autre qu'une chanson de danse, représente un dicton dont l'usage est journalier, pour caractériser dans la personne de leur recteur ou curé les principales paroisses de la Cornouaille.

37

La lune de Landerneau.

On voyait jadis sur le clocher de Saint-Houardon un disque en métal connu sous le nom de lune de Landerneau. On rapporte qu'un gentilhomme breton se trouvant dans les jardins de Versailles, les courtisans s'extasiaient sur la beauté de la lune. — Ah ! répondit le gentilhomme, celle de Landerneau est plus grande.

38

Cela fera du bruit dans Landerneau.

D'après Cambry, les charivaris étaient fréquents à Landerneau ; c'est peut-être ce qui a donné naissance à ce dicton, qui fut surtout propagé par la comédie des *Héritiers*, d'Alexandre Duval, jouée en 1796, et où cette phrase se trouve plusieurs fois reproduite.

39

Pa vezit war bont Landerne
Fri Leonard, reor Kerne.

Etes-vous sur le pont de Landerneau, — votre nez est léonais, votre derrière cornouaillais.

Landerneau est sur la frontière qui sépare le Léon de la Cornouaille.

40

Pontaven, ville de renom,
Quatorze moulins et quinze maisons.

Il y a en effet dans cette charmante petite ville une douzaine de moulins, nombre considérable relativement à son étendue.

ILLE–ET–VILAINE

41

Faire l'épaule rennaise.

Accueillir froidement.

42

Les sorciers de Fougères.

Allusion aux superstitions des Fougerais.

43

Les Peletas de Saint-Malo.

Allusion aux nombreux armements que Saint-Malo fait pour Terre-Neuve ; certains marins se nomment peletas.

44

a) Il a été à Saint-Malo, les chiens lui ont mangé les mollets.

b) Il a té à Saint-Malo, les tiens ont mié sés molléts.

(Flandre.)

Au siècle dernier Saint-Malo était gardé par des chiens qu'on lâchait la nuit autour des remparts.

45

Il est de Saint-Malo,
Il entend à demi-mot.

46

Comme à Saint-Malo, où, lorsqu'on voit un étranger,
on lui dit : Quand partez-vous?

Les Malouins ont la réputation d'être peu hospitaliers.

47

Saint-Malo, la cinquième partie du monde.

Ce dicton était surtout usité au temps de la puissance de
Saint-Malo, ville aujourd'hui bien déchue.

48

Les oies de Béchérel et les piquots de Dinan.

A Dinan on raconte que jadis « les gâs d'Béchero » co-
gnaient un clou dans la chapelle de Sainte-Anne du Rocher
en Quévert, où ils venaient en pèlerinage, et avant de s'en
retourner chez eux, ils descendaient au port et allaient
« trempo lou da (doigt) dans la gran' mée salée qu'est au bas
du Port à Dinan ».

49

Comme la poste de Hédé,
Quatorze lieues en quinze jours.

50

Les huguenots d'Ercé.

Au temps de la Ligue, le château du Bordage était occupé
par les protestants, et une partie des habitants d'Ercé appar-
tenait à la religion réformée.

51

Les patauds de Saint-Aubin.

Pataud, sous la Révolution, était synonyme de patriote ; les

patauds de la petite ville de Saint-Aubin étaient en opposition
avec les « chouans de Saint-Jean », commune voisine.

52

Aux environs de Tinténiac, les enfants psalmodient sur
un air assez semblable à celui de « Orléans Beaugency »
les vers suivants qui forment une sorte de géographie
mnémotechnique :

> Tinténia,
> Et Quoubéria (Québriac)
> Hédeu (Hédé)
> Gévezeu (Gévezé),
> Lanhouet (Langouet), Langan,
> La Chapeulle et sìn Gondran,
> Cadro', les I's (Cardroc, les Iffs),
> La Baûssaine est vis-à-vis ;
> Et Saínt-Bériou (St-Brieuc des Ifs)
> Qu'est diqûà d'ssous :
> Tout ça s'ent' bitte (touche)
> Et les bique, bique,
> Bouc, bouc, bouc.

LOIRE-INFÉRIEURE

53

Li poissonnier de Nantes.

Les poissonniers de Nantes.

Cette ville fournissait autrefois tout le poisson de mer qu
se consommait dans la Bretagne et dans les provinces circon-
voisines. La vente du poisson était la principale branche du

commerce de Nantes. (Crapelet.) On crie encore dans les rues
de Paris :

> Sardines de Nantes,
> Sardines nouvelles !

54

Les patauds de Nantes.

Ce sobriquet remonte à la Révolution ; il n'est pas particulier à Nantes, et a été donné par les Vendéens ou par les
chouans aux villes républicaines au milieu d'un pays royaliste.
Pataud n'est qu'une forme ironique et méprisante de patriote.

55

> D'Angers les sonneux,
> De Nantes les pluvieux.

(Anjou.)

56

Nantes, le pot de chambre de la France.

(Vendée.)

MORBIHAN

57

> Aotronez Pond-Ivi,
> Bourc'hisienn Faouet,
> Potret Gourin.

*Les messieurs de Pontivy, — les bourgeois du Faouet, —
les gars de Gourin.*

58

Tête d'Auray,
Tête de diable.

59

Ponscorff-Bridé,
Chair de chèvre béé.

Ce quolibet, répété par les enfants aux habitants de Ponscorff-Bridé ou Bas-Ponscorff, vient de ce qu'ils élèvent un
grand nombre de chèvres, ce qui a fait supposer qu'ils en
mangeaient beaucoup.

60

Les gars de Concoret,
Qui tuent les lièvres à travers les chênes.

On affirme que ce dicton vient de la part que les gens de
Concoret avaient prise à la chouannerie.

61

Les saints de Concoret ne datent de rien.

Voici, d'après M. Bellamy, cité par M. Orain (*Une excursion
dans la forêt de Paimpont*, p. 19), l'origine de ce vieux dicton
qui subsiste toujours :
« Autrefois les habitants de Concoret avaient pour la fontaine de Baranton un culte superstitieux. Non contents d'ap-
pliquer l'eau en tonique ou d'en boire pour se guérir de leurs
maladies, ils l'invoquaient dans des prières comme une divi-
nité, à la façon des Gaulois, et délaissaient les saints de leur
église. C'est par cette préférence, peu raisonnable assurément,
que s'explique, d'après le chanoine Mahé, l'origine du dicton
« les saints de Concoret ne datent de rien ».

62

Les sorciers de Concoret.

Les gens de ce pays, situé sur la lisière de la forêt de Brocéliande, passaient pour sorciers. Souvestre, qui a placé dans cette commune la scène du *Diable devenu recteur*, assure que cette appellation remonte au XIIᵉ siècle, et tient à la part que les gens de Concoret prirent à l'hérésie d'Éon de l'Étoile qui passait pour magicien.

63

Les sorciers de Loyat.

Le Dʳ Fouquet a publié sous le titre : *Un sorcier de Loyat,* une amusante légende, qui n'est pas d'ailleurs particulière à Loyat.

SOURCES

BRIZEUX : *Sagesse de Bretagne* — 14.

CRAPELET — 4 *a*, 4 *b*, 53.

HÉCART : *Dict. Rouchi* — 44 *b*.

HONNORAT : *Dict. provençal* — 8 *b*.

LEROUX DE LINCY — 2 *a*, 3, 6 *a*, 7 *a*, 7 *b*, 8 *a*, 9 *a*, 44 *a*.

LEROUX — 6 *b*, 15.

MENIÈRE : *Gloss. angevin* — 55.

MIR — 1 *b*, 2 *b*.

OGÉE : *Dict. de Bretagne* — 24.

ORAIN : *Excursion à Paimpont,* Rennes, 1880 — 61.

SAUVÉ : *Lavarou Koz* — 9 *b*, 10, 11, 12, 13, 16, 17, 21, 22, 26, 28, 32, 34, 35, 36, 39, 57.

SOUVESTRE : *Foyer breton* — 59, 62.

Communications de :

MM. QUELLIEN — 18, 19, 20.

PAUL SÉBILLOT — 1 *a*, 1 *c*, 5, 23, 25 *a*, 25 *b*, 27, 29, 30, 31, 33, 37, 38, 40, 41, 42, 43, 44 *a*, 45, 46, 47, 48, 49, 50, 51, 52, 54, 56, 58, 60, 63.

CHAMPAGNE

LA CHAMPAGNE ET LES CHAMPENOIS

1

Chevalier de Champaigne.

La noblesse de Champagne s'étoit illustrée à la bataille de Fontenay-en-Bourgogne, où Charles le Chauve et Louis de Bavière avoient défait Lothaire et Pépin. Presque tous les Champenois étoient restés sur le champ de bataille. Pour réparer ce glorieux désastre, il fut établi par les coutumes de Champagne que désormais le *ventre,* c'est-à-dire la mère, anobliroit les enfants, quoique le mari fût roturier.

(XIIIᵉ siècle.)

2

a) Il sait les foires de Champagne.

b) Il ne sait pas les foires de Champagne.

Il fallait, dit M. Duplessis, beaucoup de mémoire pour retenir toutes les foires de Champagne.

3

Etre du régiment de Champagne.

Se moquer de l'ordre.

4

La Champagne est gaulée.

Tout est renversé, tout est détruit.

5

Teste de Champagne n'est que bonne
Mais ne la choque point personne.

6

Quatre-vingt-dix-neuf moutons et un Champenois font
cent bêtes.

A son origine, d'après M. Duplessis, ce proverbe était
exprimé ainsi :

Deux moutons et un Champenois font trois bêtes.

7

Gars normand, fille champenoise,
Dans la maison font toujours noise.

8

Orse, Arse, Leigne et Seine
Abordent au pont de Bar-sur-Seine.

Orse, Arse, Leigne sont trois petites rivières qui se jetten
dans le fleuve de Seine à Bar.

9

Les eaux de Brie,
Bonnes à toute vie,
Celles de Champaigne
A toutes font peine.

Jean Le Bon assure que les rouliers ont remarqué qu'en
Brie leurs chevaux engraissent et qu'en Champagne ils mai-
grissent, ce qu'ils attribuent aux eaux de ces deux contrées.

10

Entre Marcilly et Saron,
Le fleuve d'Aube perd son nom.

ARDENNES

11

Mézières la pucelle.

12

Les mangeurs de gaudichons de Réthel.

AUBE

13

Li cointerel de Troies.

Les aimables et élégants de la ville de Troyes

On disoit li cointerel, comme on a dit moins anciennement les muguets, et comme on dit aujourd'hui les muguets ou les beaux fils de Paris. Cette espèce de jeunes gens, épris des soins de la toilette, affectant les manières, le langage et les parures les plus nouvelles et les plus recherchées, ont existé dans tous les temps, à la cour des puissants comtes de Champagne, comme à celle de Louis XIII, comme dans les salons de la Chaussée d'Antin et du café Tortoni.

(XIIIe siècle.)

14

Femme de Troye,
Femme de proye.

Le commentaire ajoute : *De œconomia intelligitur.*

(XVIᵉ siècle.)

15

Ribaux de Troïes.

(XIIIᵉ siècle.)

16

Les sonneurs de Troyes.

— D'où viens-tu ? — Je viens de Troyes. — Qu'y fait-on ?
— L'on y sonne. (*Dict. pop. de la ville de Troyes.*)

17

a) Je ne voudroys pas etre roy, si je n'estoy prevost de
Bar-sur-Aube.

b) On ne voudroit pas estre roi qui seroit prevost de
Bar-sur-Aube.

Le roy Philippe le Long ayant vendu la ville de Bar-sur-
Aube, les habitants la rachetèrent afin de conserver le titre de
ville royale ; en conséquence Bar-sur-Aube fut réunie à la
couronne sous la condition homologuée en la chambre des
comptes, de ne pouvoir en être séparée. (Expilly, *Dictionnaire
des Gaules.*)

(XVIᵉ siècle.)

HAUTE-MARNE

18

a) C'est un enfant de Chaumont,
     Belle entrée et la fin non.

b) Enfant de Chaumont, belle entrée et pute (mauvaise) fin.

(xvɪ⁰ siècle.)

19

La diablerie de Chaumont.

Il y est souvent fait allusion dans les écrivains du xvɪ⁰ siècle.

20

Les Chaumontais, gens casaniers et rassis, disent de leurs voisins :

Langres, sur son rocher,
Moitié fou, moitié enragé.

MARNE

21

La nience de Chaslons.

La simplicité des habitants de Châlons-sur-Marne.

(xɪɪɪ⁰ siècle.)

22

Li routier de Chaalons.

Il est probable que la ville ou le territoire de Châlons étoient renommés par le nombre ou le mérite militaire de leurs *routiers,* espèces de troupes légères fort employées aux xɪɪ⁰ et xɪɪɪ⁰ siècles.

(xɪɪɪ⁰ siècle.)

23

Les aveugles de Châlons.

C'était le nom qu'on donnait à des mendiants non engagés dans les ordres et qui quêtaient par la ville une sonnette à la main. Ils étaient tous mariés : quand ils devenaïent veufs, on les obligeait à se remarier six semaines après. Cet ordre fut supprimé en 1641.

24

Les bons enfants d'Epernay.

25

Persones de Rains.

Le mot persones dans le vieux langage signifiait directeur de paroisse, curé. Le chapitre de Reims comptait au nombre des chanoines dont il était composé des *persones* qui avaient la prééminence sur leurs confrères dans les cérémonies et qui jouissaient en outre de certains privilèges. De là est venu ce dicton populaire.

(XIIIᵉ siècle.)

26

Mangeurs de pains d'épices de Reims.

Allusion au commerce de pâtisserie de cette ville.

27

Clocher de Chartres, nef d'Amiens,
Chœur de Beauvais, portail de Reims.

28

Les chasseurs de Sainte-Menehould.

29

Avenay le pot de chambre de la Champagne.

Avenay est dans une vallée et il y pleut beaucoup.

30

> Les gens d'Aï,
> Les messieurs de Mareuil,
> Et les culs-crottés d'Avenay.

Au XVIIe siècle, il y avait à Mareuil beaucoup de nobles, qu'on appelait messieurs par opposition aux gens d'Aï, presque tous vignerons, et à ceux d'Avenay qui habitaient une vallée, souvent mouillée.

31

Les parpaillots d'Aï.

„Au moment de la Réforme, les gens d'Aï embrassèrent le protestantisme, et leurs voisins d'Avenay, blasonnés aussi par eux, leur adressaient, en la chantant, la formulette suivante :

> Parpaillot d'Aï,
> T'es ben misérable :
> T'as quitté ton Di (Dieu)
> Pour servir le diable ;
> Tu n'auras ni chien ni chat
> Pour te chanter *Libera*,
> Et tu mourras mau chrétien (mauvais chrétien)
> Toi qu'as maudit saint Trésain [1].

SOURCES

Bertin du Rocheret : *Prov. champenois,* ms. cité par Leroux de Lincy — 11, 12, 24, 26, 28.

[1] Saint Trésain est très populaire dans cette partie de la Champagne.

CRAPELET — 1, 13, 15, 21, 22, 25.

LEROUX DE LINCY — 2 *a*, 2 *b*, 3, 5, 6, 8, 9, 14, 16, 17 *a*, 17 *b*,
    18 *a*, 18 *b*, 19, 23.

MÉLUSINE — 7.

OUDIN : *Curiosités* — 4.

O. RECLUS : *France*, p. 151 — 27.

THEURIET : *Rev. des Deux-Mondes* — 20.

    Communications de :

MM. E. MARCILLY — 10.

    GASTON PARIS — 29, 30, 31.

————

COMTAT-VENAISSIN

LE COMTAT ET LES COMTADINS

1

En terre de pape,
Esten ta cappe.

2

Li gènt de la Coumtat,
Amon mai tout que la mita.

Les gens du Comtat — aiment mieux tout que la moitié.

(Provence.)

3

Pèr couiouna 'n Genouvés,
Faut sèt Judiéu em'un Countés.

Pour venir à bout d'un Génois, — il faut sept Juifs et un Contésin (habitant du Comtat.)
(Provence.)

VAUCLUSE

4

Qui sort d'Avignon
Sort de la raison.

5

Avenio ventosa, sine vento venenosa, cum vento fasti-
diosa.

Avignon venteuse, sans vent contagieuse, avec le ven *ennuyeuse.*
(Proverbe du moyen-âge.)

6

Il n'est palais que eñ Avignon.

7

Insolence d'Arles,
Rébellion de Marseille,
Ambition et injustice d'Aix,
Abomination d'Avignon.

8

Pétache d'Avignoun.

Pol'rons d'Avignon.

Ce dicton fait allusion à la déroute de la horde de Patrix et
de Jourdan Coupe-Tête devant Carpentras, dont elle était
venue, en 1791, faire le siège à cinq reprises différentes.
Cette bande, qui avait apporté des sacs pour mettre le butin,
se montra prompte à fuir à chaque sortie des assiégés.

9

At,
Pichoto vilo, grand barat.

Apt, — petite ville, grand marché.

10

Juziôou de Carpentras.

Les Juifs de Carpentras.

Carpentras avait autrefois la population israélite la plus
nombreuse de tout le Comtat. Elle comprenait au moins deux
cents familles. On sait qu'au figuré le mot Juif (en patois
juziôou) s'entend d'un homme qui prête à usure ou qui vend
exorbitamment cher.

11

Léi tian dé Carpéntras.

Ce mot « tian » désigne un mets de carême et fait allusion
à la parcimonie des gens de Carpentras.

12

Sias devinaire de Carpentras.
Devinas tout ço que vias.

*Tu es un devin de Carpentras, — tu devines tout ce que
tu vois.*

13

Lei mas dé Bouniéou.

Les sorciers, les hérétiques de Bonnieux.

Cette qualification paraît provenir du temps où le pays était
en grande partie habité par des Vaudois.

14

Badàou dé Quéirâne.

Badaud de Cairanne.

A l'appui de ce dicton, on raconte sur les gens de Cairanne
toute une série de légendes railleuses : Des sauterelles rava-
geaient un jour les récoltes ; on part pour les chasser, et l'un
de ces insectes se cramponne à la poitrine du consul qui fait
signe de tirer sur la bête proscrite : elle fut tuée et le consul
aussi.

Un autre jour les Cairannais voulurent descendre leur village dans la plaine ; ils attachèrent au clocher un câble de
laine et se mirent à tirer dessus. Comme la laine s'allongeait,
ils crurent que le clocher changeait de place, et ils s'écrièrent :
« Y sian, vâi arriva » ; mais la corde cassa et les Cairannais
tombèrent par terre.

15

Moun bouan Diéou dé Quéirane.

Au temps jadis, les Cairannais députèrent à Avignon pour
obtenir du vice-légat un bon Dieu qui devait orner leur église.
Le concierge du palais, voyant qu'ils n'avaient pas l'air bien
fin, leur dit : « J'ai votre affaire. » Il enferma dans une boîte un
hanneton, en leur recommandant de n'ouvrir le coffret qu'au
pays ; mais, en route, ils ne purent s'empêcher de regarder, et
le *tavan* (hanneton) s'échappa, pendant que les députés lui
criaient : « A Quéirâne, moun bouon Diéou ! »

16

Se lou Coumtat èro un moútoun,
Caroumb et Cavaioun
N'en sarien li rougnoun.

Si le Comtat était un mouton, — Caromb et Cavaillon —
en seraient les rognons.

17

A Gôrde, noun t'accôrdés ;
A Joucas, noun t'ajoûqués ;
A Liéous, noun t'alyés ;
A Mus, noun t'amûzés.

Garde-toi de t'accorder avec les gens de Gordes, — de te
reposer à Joucas, — de te marier à Lioux, — de te divertir
à Mus.

Ces sobriquets sont fondés sur des calembourgs patois.

18

Traïté de Malôoucéne.

Traître de Malaucène.

On a été jusqu'à dire que c'était le pays natal de Judas, et
que si Jésus-Christ y venait en personne, il y serait de nouveau trahi et crucifié. Ce dicton provient vraisemblablement
de ce que, pendant les guerres de religion, Malaucène fut plusieurs fois livré par trahison aux Calvinistes.

19

Casse Béou-l'ôli de Véizoun.

Les chasseurs de chat-huant de Vaison.

Béou-l'ôli, buveur d'huile, est le nom patois du chat-huant

qu'on accuse de boire l'huile des lampes. Il y a, aux environs de Vaison, de belles ruines où les oiseaux de nuit font leurs demeures.

SOURCES

BARJAVEL : *Dictons et sobriquets du Vaucluse* — 8, 10, 11, 13, 14, 15, 17, 18, 19.

Inventaire alph. du Languedoc — 1, 4.

LEROUX DE LINCY — 5, 6.

MISTRAL — 2, 3, 9, 12, 16.

NOSTRADAMUS : *Hist. de Provence*, Lyon, 1614, p. 173 — 7.

CORSE

LA CORSE ET LES CORSES

1

Corsica, morsica.

La Corse, mordeuse (c.-à-d. irritable).

Ce dicton vient du temps où les Génois et les Corses étaient en guerre.

2

U Corsu unn' è briacone.

Le Corse ne se grise pas.

3

Quandu u Corsu unn' ha nunda dafà,
Disfa u muru e u porta più inlà.

*Lorsque le Corse n'a rien à faire, — il démolit le mur et
le fait plus loin.*

4

Dai dirittu Corsu chè Dio t'ajutera.

Marche droit, Corse, car Dieu te viendra en aide.

5

Agghia tu be, o Corsu, che u male un ti.

*Puisses-tu être heureux, ô Corse, car le mal ne te manque
pas.*

6

Quandu u Corsu sta be, cerca di sta male.

Lorsque le Corse est bien, il veut être mal.

7

Un parlà di joccari in Meria (Capu Corsu), in Curbara
(Balagna) ne in Bastelica (dità de monti), perchè ti pude-
rebbenu fa bede che forse so più astuti di te.

*Ne dis pas qu'on s'amuse à Meria (Cap Corse), à Curbara
(Balagne) ni à Bastelica (au-delà des monts), parce qu'on
pourrait te faire voir qu'on est plus travailleur que toi.*

8

Un dumandà mai a la Petra se sant Elia e maschiu e

femina, ne in Petracurbara e Siscu se tiranu a Cipoli
(monte) cu a funa di pelu.

*Ne demande pas à la Petra si saint Elie est homme ou
femme, ni à Petracurbara et Siscu s'ils tirent le mont Cipoli
avec une corde de poil.*

9

Un parlà mai ne in Borgu ne in Lucciana
Di sumeri impiccati a la campana.

*Ne parle jamais à Borgo ou à Lucciana — d'ânes pendus
à la cloche.*

Le Jeudi-Saint il est coutume, dans toutes les églises de la
Corse, de préparer une chapelle représentant le tombeau ou
sépulcre où le Christ a demeuré trois jours. Ces sépulcres
sont visités par les processions des paroisses voisines. Or,
pendant la semaine sainte de 1812, la procession de Borgo
alla voir le sépulcre de Lucciana. Elle n'avait pas fait deux
cents mètres qu'un âne mort, appartenant à un habitant de ce
dernier village, fut rencontré sur la route. Les Borghens
prirent cela comme une insulte ; furieux, ils se chargèrent du
baudet et le jetèrent au beau milieu du chemin sur le territoire des Luccianesi. Ceux-ci en furent exaspérés ; aussi, la
nuit venue, lorsque tout le monde fut couché, ils prirent le
baudet et le traînèrent jusqu'au milieu de la place de Borgo.
Irrités, les habitants de ce village en vinrent aux mains avec
ceux de Lucciana. Pourtant, il fallait tirer une vengeance
éclatante de l'affront qui venait de leur être fait. Aussi, le
lendemain, une douzaine d'hommes se chargèrent encore du
pauvre âne et aller le reporter à Lucciana ; mais cette fois, au
lieu de le laisser sur la place publique, ils l'attachèrent par les
pieds aux cordes des cloches de l'église, de sorte que celles-ci
se mirent en branle et sonnèrent un joyeux carillon. Tout
Lucciana se réveilla en sursaut : on courut à l'église voir ce
que c'était, et qu'y voit-on ? Le malencontreux baudet sus-
pendu aux cloches. Le coup fut terrible pour les pauvres habitants, et la guerre, acharnée, terrible, sans pitié, éclata entre
Lucciana et Borgo. Pendant plusieurs jours les deux villages
restèrent bloqués et les autorités supérieures seules purent
rétablir la tranquillité. Mais où enterrer l'âne ? On décida que
ce serait sur la limite du territoire des deux paroisses. Là

encore, pourtant, on en vint aux mains. La fosse ayant été creusée perpendiculairement à la ligne de séparation du territoire des deux villages, le derrière de l'âne pesant plus que la tête, aucun d'entre eux ne voulait l'avoir chez lui. On décida alors que l'âne serait enterré suivant la ligne de séparation, de sorte que chaque village en eut une égale moitié.

C'est ce fait qui a donné l'idée à M. Salvatore Viale de son poème héroï-comique *la Dianomachia* ou *la Guerre pour l'âne.*

SOURCES

Jarbuch für Romanische und Englische Literatur, t. IX, p. 213 — 1.

MATTEI : *Proverbes corses* — 2, 3, 4, 5, 6, 7, 8, 9.

Nous devons à M. ORTOLI les traductions et les explications des dictons 2 à 9.

DAUPHINÉ

LE DAUPHINÉ ET LES DAUPHINOIS

1

a) Dauphinois,
    Fin et courtois.

b) Li gènt doú Doúfinat,
    Se ié fau pas fisa.

Les gens du Dauphiné, — il ne faut pas s'y fier.

    (Provence.)

DROME

2

Eis un devinâire de Mountélimar.

C'est un devin de Montélimart.

Il ne donne les fêtes que lorsqu'elles sont passées.

3

Couidé-trouca dé Moulan.

Coude-percé de Mollans.

Ce dicton n'a été appliqué aux gens de ce pays qu'à cause de l'habitude qu'y ont contractée les désœuvrés de rester accoudés sur les parapets du pont, et de bayer aux corneilles tout le long du jour.

4

Entre Tain et Tournon,
Ne paist brebis ne mouton.

5

Rima de Sûze-la-Rousse.

Roussi de Suze-la-Rousse.

ISÈRE

6

a) Faire la conduite de Grenoble.

Ce dicton est employé en certaines provinces de France pour dire qu'on a bousculé ou chassé quelqu'un.

On dit aussi : La reconduite de Grenoble. (Michelet, t. II.)

D'après M. Quitard, ce serait une allusion à l'échec de Lesdiguières devant Grenoble, ou aux rixes fréquentes en cette ville entre les compagnons du Devoir et les cordonniers. Michelet, *Hist. de France*, t. II, p. 75, l'attribue au caractère rude des Dauphinois.

b) Lo condutso de Grenoblo.

L'action de conduire quelqu'un en le battant.

7

> La Serpent e lo Dragon
> Metron Grenoblo en savon.

Allusion aux débordements de l'Isère et du Drac.

HAUTES-ALPES

8

> *a)*   Briánçoun,
>   Pichouno vilo, grand renoum.

> *b)*   Briancon,
>   Petite ville, grand renom.

9

Li foutrau.

Les sots.

Sobriquet des gens d'Eourres.

SOURCES

BARJAVEL — **2, 3**, 5.
COULON : l'*Ulysse françois*, Paris, 1653 — 4.
Intermédiaire, I, 363 — 6 *a*.
MISTRAL — 1 *b*, 6 *b*, 7, 8 *a*, 9.

Communications de :

M. E. ROLLAND — 1*a*, 8 *b*.

———

FLANDRE

LA FLANDRE ET LES FLAMANDS

1

a) Il n'y a conte que de Flandres.

> *b)* Il n'est comté que de Flandres,
> Duché que de Milan,
> Royaume que de France.

(xv° siècle.)

2

Les plus belles femes sont en Flandres.

(xiii° siècle.)

3

Estre de Flandro.

Etre flambé. (Jeu de mots.)

(Provence.)

4

a) Aller en Flandres sans couteau.

b) Qui va en Flandres sans couteau
Il perd de beure maint morceau.

(XVIᵉ siècle.)

5

Vai t'en en Flandro ferra de boutèls.

Va te faire pendre.

(Languedoc.)

6

Les Flahutes.

C'est le mot par lequel on désigne les Flamands flamingants. Il se prend toujours en mauvaise part. On le retrouve dans un refrain populaire que chantent les enfants de Lille sur l'air de la gamme ascendante et descendante :

Ut, ré, mi, fa, sol, la, si, ut,
Tous les Flamands sont des Flahutes.

7

C'est un grand Flandrin.

C'est un homme élancé et de mauvaise tournure. Flandrin est synonyme de Flamand. C'est une forme ancienne (du latin *flandrensis*) du nom de Flamand.

8

Sich flämisch erzürne.

Se fâcher à la flamande.

(Alsace.)

NORD

Es à Lillo' in Flandro.

Il est à Lille, en Flandre.

Cela se dit de quelqu'un qui est allé très loin dans le Nord.
(Quercy.)

10

Les sots de Lille.

Nous trouvons ce dicton dans le passage suivant qui sem-
blerait prouver que les Dunkerquois ont été aussi surnommés
les coursiers de Jean Bart :
« Sans doute, je suis Flamand, et de Dunkerque encore !
A ma mode, *les coursiers de Jean Bart* valent bien *les sots de
Lille.* »

11

Il est passé à Cambrai, il o ieu ein keu de martieu.

Il a le cerveau fêlé.

12

Armentières
Pauvre et fière,

Ambitieux
Comme des gueux.

13

Ch'est une masinque d'Aubry.

C'est une méchante femme.

Aubry est un village près de Valenciennes où il y avait
jadis beaucoup de mésanges.

14

Il est comme le bon Dieu d'Giblot.

Il regarde d'un air stupide.

15

Dieu nous garde de la famine
Et de la garnison de Gravelines.
(Franche-Comté.)

16

Les maquets d'Maubeuge.

Les tireurs à l'arc de Maubeuge.

17

Les misserons du Quéno.

Les moineaux du Quesnoy.

Cette petite ville est bâtie au milieu d'une chênaie.

18

Les bruants de Ronchin.

Les hannetons de Ronchin-lez-Lille.

19

Fort comme un Turkénos.

C'est-à-dire comme un habitant de Turcoing. Jeu de mo's, à cause de la ressemblance entre Turc et Turkenois.

———

SOURCES

Alsatia, 1875-76, p. 288 — 8.

CORBLET : *Patois picard* — 11.

CRAPELET — 2.

FROMENT (Mme) : *Marthe Blondel*, roman — 10.

HÉCART : *Dict. rouchi* — 13, 14, 17, 19.

Intermédiaire, I, 355 — 12.

LEROUX DE LINCY — 1 *a*, 1 *b*, 4 *a*, 4 *b*.

MISTRAL — 3, 5.

PERRON : *Prov. de Franche-Comté* — 15.

VERMESSE : *Dict. du patois de la Flandre* — 6, 7, 13, 16, 18.

Communication de M. DAYMARD — 9.

———

COMTÉ DE FOIX ET ANDORRE

ARIEGE

1

Soulide coume lou roc de Fouis.

Solide comme le rocher de Foix.

(Languedoc.)

ANDORRE

2

Musiquejà coumo un mandiant d'Andorro.

Jouer de la musique comme un mendiant d'Andorre.
   (Languedoc.)

————

SOURCES

A. Mir : *Gloss. des comp. narb.* — 1, 2.

————

FRANCHE-COMTÉ

LA FRANCHE-COMTÉ ET LES COMTOIS

1

a) Entêté comme un Comtois.
   Bourgogne.)

         b) Comtois
            Tête de bois.
   (Bourgogne.)

2

Ils sont larges les Comtois, mais c'est des épaules.

A la suite de ce dicton sur l'avarice de ses compatriotes, le
Dr Perron cite deux dictons où elle est mise en scène. Le
second est très connu ailleurs qu'en Franche-Comté.
  Ouvrez la fenêtre, que Monsieur se rafraîchisse !
  Monsieur le curé, maman vous envoie des pommes : nos
cochons n'en veulent plus.

3

Les serviteurs de Comté.

4

Comtois,
Boyaux rouges.

5

a) — Comtois, rends-toi !
   — Nenni, ma foi !

b) — Comtoé, rends-toé !
   — Le Comtoé meurt et ne se rend poé !

Malgré l'exagération de l'accent, ceci ne peut passer pour
une injure. On n'en voit pas moins que, pendant tout le
moyen-âge, les Bugistes ont fait la guerre aux Comtois,
comme aux Genevois et aux Dauphinois et qu'il en reste un
souvenir.

  (Bugey.)

6

DICTON GÉOGRAPHIQUE

La Tenise porte bateaux à deux lieues de sa source.

C'est une plaisanterie. Ce ruisseau tombe dans la Saône à
Emoulin, à deux lieues de Cugney où elle prend sa source.

DOUBS

7

Va d'aval, va d'amont,
N'y a tel que Besançon.

8

Les chîrs de Montbéliard.

Ainsi nommés par les paysans des environs, parce qu'ils
sont pour la plupart tributaires de ces sires prêteurs d'argent.

9

Les trissus de Montbèyard.

Les foireux de Montbéliard.

10

On o bé virie, deverie,
On ne voit ran de té que Pontalie.

11

Das Pontalie, das Vaudahon, das Vaché (Vercel),
Libera nos Domine.

Ce sont des montagnards, il faut s'en défier.

12

Parné devant, Pontailler darré.

Perrigny devant, Pontarlier derrière.

Ils tirent vanité de ce que, dans l'ordre alphabétique, leur village précède le chef-lieu de canton.

13

Coisevâ
Rien ne vâ,
Trémoins encoi moins,
Tchampey, encoi pè.

Coysevaux — rien ne vaut, — Trémoins, encore moins, — Champey, encore pire.

14

Les boirès de Dâle.

Les canards de Dasle.

15

Les teufions d'Hérincouët.

Les vunaises d'Héricourt.

16

Pain de Labergement,
Vin d'Ornans,
Foin de la Vèze,
Gens de Quingey,
Libera nos, Domine.

17

Lieromont, Lieravà,
Lou diaibou las busse tous à va.

Le diable les pousse tous à bas.)

Les gens de Lièvremont s'expatrient vers les pays de plaine.

18

Sorciers de Montfort,
Taquins de Mesmay,
Fous de Lombard,
Mange-mûrie de Buffart.

19

Musique d'Ornans.

Mauvaise musique.

20

Les boroillots de Vlentegney.

Contejean raconte une délibération du conseil de Valentigney pour demander au préfet de suspendre le fonctionne-
ment du rouleau qui aplatissait les pierres d'une nouvelle
route ; ils croyaient que le rouleau allait *allonger* la route.

Boroillot veut dire petit tonneau.

On raconte aussi que les gens de Valentigney, pour monter
au ciel, mirent leurs barils l'un sur l'autre ; quand ils les
eurent tous employés, ils furent bien embarrassés ; mais l'un
d'eux eut l'idée d'ôter celui du dessous ; toute la pile dégrin-
gola, et ils se cassèrent le nez.

JURA

21

Jamais homme ne pourra faire lance de jonc, ni bons
gens d'armes de Dôle.

22

Arbois le renom,
Monsigny le bon.

BLASON.

23

Arboisiens têtus.

24

Les ânes d'Arbois, les chevaux de Salins, les bouquins de Poligny.

25

Les bouris des Fourgs.

Malgré ce surnom de bouris (ânes), les gens des Fourgs sont fins ; on raconte d'eux plusieurs traits, entre autres celui-ci : Un huissier de Pontarlier fut bâtonné à la porte de l'église à la sortie de la grand'messe. Le juge entendit tous ceux qui avaient été présents à la scène : « — Vous étiez-là ? — Oui, monsieur le juge. — Qu'avez-vous vu ? — Ran, mon bon juge, i aivô lou dos virie ! » Tous avaient le dos tourné pendant qu'on bâtonnait l'huissier.

26

La république des Fourgs.

Ce petit pays était un peu à part de ses voisins.

HAUTE-SAONE

27

Les ânes de Champlitte.

Une bonne femme de Champlitte refusait un jour de loger un grenadier à cheval, disant qu'elle ne le pouvait point. Le militaire, ne se souciant guère du refus de la vieille, descendit de cheval. « Tiens, tiens, fait la bonne chamtoise, je ne savais point que cela se démontait. » On raconte aussi qu'un homme de Champlitte fit hisser son taureau au-dessus du clocher pour lui faire manger un peu d'herbe qui y avait cru.

28

Olla, veni,
N'y ai té que Gy.

Allez, venez, — il n'y a tel que Gy.

On dit par malice : N'y ai pé que Gy ; il n'est pire pays.

29

Quanquadie (hannetons) de Velà (Villiers), lès Luxuns,
Vérets (verrats) de Bequoi,
Pieumotte d'Ahun,
Fô (fous) de Merquoi,
Les braves ou vivent les Beaudonquois.

Les mendiants débitent ces quolibets et finissent toujours
par le village où ils se trouvent en disant : vivent ceux qui
m'entendent.

SOURCES

BUCHON : *Noels et chansons* — 24.
CONTEJEAN : *Patois de Montbéliard* — 20.
Intermédiaire, I, 363 — 4.
LEROUX DE LINCY — 21.
PERRON : *Prov. de F.-C.* — 1 *a*, 1 *b*, 2, 3, 5 *a*, 6, 7, 8, 10, 11,
12, 13, 16, 17, 18, 19, 22, 23, 25, 26, 27, 29.

Communications de :

MM. SAMUEL BERGER — 9, 14, 15, 20.
A. VINGTRINIER — 5 *b*.

GASCOGNE ET GUYENNE

LA GASCOGNE ET LES GASCONS

1

Gai coumo un Gascou.

(Languedoc.)

Fièr coumo un Gascou.

(Languedoc.)

3

Un boun Gascoun que se pot areprengue tres cops.

Un bon Gascon peut se reprendre trois fois.

4

Garde d'un Gascon ou Normand,
L'un hâble trop et l'autre ment.

5

a) Qui a fait Gascon a fait larron ; qui a fait Saintongeois a fait bavard.

b) Gascon larron,
Ouvergnat son compagnon.

(Languedoc.)

6

Un tour de Gascon.

Une supercherie.

7

Li meillor jugleor sont en Gascoigne.

Les meilleurs jongleurs sont en Gascogne.

Jongleurs signifie ici conducteurs d'animaux dressés, bouf-
fons, faiseurs de tours, etc.

(XIIIᵉ siècle.)

8

Salade de Gascogne.

Une corde de pendu.

9

Cadet de Gascougna
A souvent la rougna.

Cadet de Gascogne — a souvent la rogne.

(Provence.)

10

a) Faire la lescive du Gascon.

b) Faire la toilette du Gascon.

Retourner son linge quand il est sale d'un côté.

(Paris, Bretagne, etc.)

11

Galounat coumo un marquis de Gascougno.

Galonné comme un marquis de Gascogne.

(Languedoc.)

12

Lo no es bon Guasconet
Se no sabe dezi :
Higue, hogue, hagasset.

N'est pas bon Gascon — qui ne sait dire : — Higue, hogue, hagasset.

(XVIᵉ siècle.)

13

Le pays d'Adiusias.

Mot satirique qu'on donne par sobriquet à la province de Gascogne et aux autres pays voisins des rivages de la Garonne. Il tient au mot adiusias « bonjour, portez-vous bien », qui était fréquemment employé par les Gascons.

14

Parlo Quarcy.

Il parle Quercinois.

Cela se dit en Agenais de quelqu'un qui parle grossièrement en patois.

15

Depuis Livourne jusqu'à Vordeaux,
Toutes les nues sont varvouillées de bert et de vleu.

Allusion à la prononciation gasconne. On disait aussi en parlant d'eux :

Felices quibus vivere est bibere.

16

Un noble de Carsi : li quatre quartié fon la besti.

Un noble de Quercy (c.-à-d. un cochon) : *les quatre quartiers font la bête.*

17

a) De la réputation qu'avaient les Gascons d'être menteurs et hâbleurs sont venus les mots :

Gasconnade, menterie, rodomontade, filouterie ;

Gasconner, pour faire des rodomontades, et aussi parfois filouter ; mentir en Gascon, parce qu'on tient qu'ils y sont plus enclins que les autres peuples de France ;

Gasconneur, menteur, hâbleur, fourbe.

     (xvii° siècle.)

b) Goscóu, Gascóu, Gascon, et hâbleur, vantard ;

Goscouná, gascouná, dire des gasconnades, parler avec hâblerie comme un Gascon.

     (Aveyron.)

18

a) Qui passe lo Lot, lo Tar et l'Aveyron,
    N'est pas segur de torna en sa meyson.

Qui passe le Lot, le Tarn et l'Aveyron, — n'est pas sûr de revenir en sa maison.

     (xvi° siècle.)

b) Qui passara lou Lot, lou Tarn e l'Aveiroun,
    N'es pas segur de tourna'n sa meisoun.

19

Quand beyrás los nèplos sus Ouol,
Pren lou flogèl et bay ol souol.

*Quand tu verras les brouillards sur le Lot, — prends le
fléau et va à l'aire.*

AVEYRON

20

Roudás que roudorés,
Per oná o Roudés
Toujour mountorés.

*Tournez tant que vous voudrez, — pour aller à Rodez —
il faudra toujours monter.*

21

Rôudo que roudorás,
Qu'o Roudés tournorás.

Voyage tant que tu voudras, — à Rodez tu reviendras.

Allusion à l'affection des Aveyronnais pour leur pays.

22

Qu'o pas vis lou pourtáu de Concos,
La campano de Mende,
Lou clouquié de Roudez
O pas vis res.

*Qui n'a pas vu le portail de Conques, — la cloche de
Mende, — le clocher de Rodez — n'a rien vu.*

23

Quont y o pla de costógnos, lous Segolés son fiers.

Quand il y a beaucoup de châtaignes, les gens du Ségala sont fiers.

On appelle le Ségala les pays des terrains primitifs secondaires propres à la culture du seigle.

24

O Sento Rodogóundo
Quond l'aygo abóundo,
Lo misèro es dins lou moundo.

A Sainte-Radegonde — quand l'eau abonde, — la misère est dans le monde.

C'est un village sur un plateau calcaire aux environs de Rodez.

25

Lou francimán de Loguiolo.

Le français de Laguiole.

DORDOGNE

26

Bóli pas estré un ounclé de Mountpézat.

Je ne veux pas être un oncle de Montpézat.

C'est-à-dire un oncle à charge. Ce dicton repose sur un jeu de mots.

GERS

27

Auch en Franço.

Auch en France. (Se dit ironiquement.)

28

— Qui hè lou mau à Leìtouro ?
— Leìtouro.

Qui fait le mal à Lectoure ? — Lectoure.

L'écho répond « Lectoure ». Cela veut dire que le mauvais esprit des habitants est la principale cause de la décadence de Lectoure.

29

Leitouro
Que plouro,
Flourenço
Que penso.

Lectoure — pleure, — Florence — pense.

Lectoure est aujourd'hui déchue de son ancienne splendeur, Fleurance fait tout ce qu'elle peut pour en hériter.

30

Lous nobles de Barran
Vènon dá pèd, la cravacho à la man.

Les nobles de Barran — viennent à pied la cravache à la main.

31

Li mau-vezin dé Fezenzaguet.

Les mauvais voisins de Fezenzaguet.

32

Lou castèl de Flamarens,
Lèd dehoro, bès deguens.

Le château de Flamarens, — laid au dehors, beau au dedans.

33

Gens de Flourenço, saumaires d'agullos.

Gens de Fleurance, semeurs d'aiguilles.

Les gens de Lectoure racontent toutes sortes d'anecdotes dérisoires contre ceux de Fleurance (Gers). Ils reprochent notamment à des Fleurantins d'avoir semé des aiguilles avec la certitude de les voir végéter et multiplier.

34

Gens de Mountastruc, pesco-luos.

Gens de Montastruc, pêcheurs de lunes.

On raconte que les gens de Montastruc tentèrent de pêcher la lune qui se reflétait dans le Gers. La lune ayant disparu sous les nuages au moment où un âne allait boire à la rivière, ils éventrèrent l'âne pour chercher l'astre dans son ventre.

35

Puycasquiè,
Petito bilo, grand clouquè ;
Lou clouquè qu'es plen de paillo,
Et la bilo de canaillo.

Puycasquier, — petite ville, grand clocher ; — le clocher est plein de paille, — et la ville de canaille.

36

Les gens de Sent-Cla
Aimon a prengue e pas a da.

Les gens de Saint-Clair — aiment à prendre et pas à donner.

37

Sempessèro,
Machantos gens e bouno tèrro.

Sempesserre, — méchantes gens et bonne terre.

GIRONDE

38

a) Mountagno escure, Bourdeou cla,
Plouye nou y aoura.

Les monts sont noirs, Bordeaux est clair, — pas de pluie dans l'air.

(Lavedan.)

b) Mountógno cláro, Bourdèous escúr,
Sinne de plejà, pel segúr.

Montagne noire, Bordeaux obscur, — signe de pluie, c'est sûr.

(Aveyron.)

39

Dansa coumo un Bourdelès.

Danser comme un Bordelais.

(Languedoc.)

40

Bourdeus pèr la danso, Toulouso pèr lou cant, Agen pèr lis armo.

Bordeaux pour la danse, Toulouse pour le chant, Agen pour les armes.

41

Bastit coumo lou pount de Bourdeùs.

C'est-à-dire solidement bâti.

42

Blaye sur rocher,
Petite ville, monde enragé.

C'est la réplique des gens de Bourg-sur-Gironde à leurs voisins de Blaye qui les ont blasonnés en ces termes :

Bourg-sur-Gironde,
Petite ville, mauvais monde.

43

Vous voulez nous en conter, vous venez de Blays, vous voulez rire.

(XVI⁰ siècle.)

HAUTES-PYRÉNÉES

44

Bettes et Castillou,
Dab ne padérre qu'en an prou.

A Bettes et Castillon, — il ne faut qu'un poëlon.

Ce sont deux villages voisins; le proverbe fait allusion à
leur pauvreté ou à leur rapprochement.

45

Qué baou més esta crabe à Agos
Qué curè à Biscos.

La chèvre trouve mieux sa vie sur les rochers d'Agos (près
d'Argelès) — *qu'un prêtre dans le pauvre hameau de Vescòs.*

46

Qu'es coum eres crabes d'Arrayou,
Non baou ni ta'ra heréd ni ta'ra calou.

*Comme les chèvres d'Arrayou, — tu ne supportes ni le
froid ni le chaud.*

Arrayou est un village du canton de Lourdes. On ne sait ce
qui a valu à ces chèvres la réputation d'être si difficiles.

47

Qué hès coum et Toy
Quet déri et quet doy.

Tu fais comme le Barégeois (qui dit) : *— je te donnerai*
(un coup), *eh bien ! je te le donne.*

Toy, qui signifie petit, est le sobriquet du Barégeois.

LANDES

48

Minja lard coumo un Lanusquet.

Manger du lard comme un Landais.

Les Landais sont très friands de lard.

LOT

49

Usurier de Cahorse.

(XIIIe siècle.)

Les habitans de Cahors étoient tellement adonnés à l'usure et au prêt sur gages que les gens de cette profession portèrent le nom de Cahortins ou Cahoursins, comme celui de Lombards. Ce n'étaient pas des indigènes, mais des Italiens établis à Cahors.

Les Italiens de Cahors avaient mauvaise réputation au moyen-âge, non pas seulement par le commerce d'argent où ils réussissaient, mais aussi par les vices que l'opinion populaire leur attribuait. Ils avaient cette réputation en Italie aussi bien qu'en France, comme on voit par ces vers de Dante (*Inferno,* canto XI) :

> E pero lo minor giron suggella
> Del segno suo e Sodoma e Caorsa
> E chi spegiando Dio col cuor favella.

Ainsi la plus étroite enceinte — marque de son signe et Sodome et Cahors — et [celui] qui, discourant en son cœur, méprise Dieu.

Caorsin, au moyen-âge, était devenu synonyme d'usurier, même en Allemagne où ce nom était devenu *Cauwerz.*

50

Pet dé Rhodo, pet d'Angély,
Dounount toutsour dé boun bi.

Pech de Rhode, pech d'Angély, — *donnent toujours du*
bon vin.

Ce sont deux montagnes qui entourent Cahors.

51

Talo caouso se fara
Quand lou Roc-Blanc toumbara.

Tel chose se fera, — *quand le Roc-Blanc tombera.*

Le Roc-Blanc est situé près de Vers, environs de Cahors.

52

Les trois merveilles de Quercy :
Bâtisse d'Acier,
Jardin de Montsalès,
Ornemens (mobilier) de Saint-Sulpice.

Acier, château près de Figeac ; Montsalès-en-Rouergue,
sur la frontière du Quercy ; Saint-Sulpice, château près d
Marsillac.

53

Fa coumo l'asé de Mouncrabié,
Qué canto dé caytibié.

Il fait comme l'âne de Montcabrier, — *qui chante de*
misère.

Montcabrié est un bourg du canton de Puy-Lévêque, dans
un site sauvage ; il y a peu de routes pour y arriver.

54

Estiflet de Roquemadour.

Ce pèlerinage était fameux par les sifflets qu'en rappor-taient les pèlerins.

LOT-ET-GARONNE

55

Benguetz en Agenes,
Bouno bito qu'i faretz.
　　Lou maitin,
　　Peros e bin ;
　　Au brespail,
　　Peros e ail ;
　　Per soupa,
　　Peros et pa.

Venez en Agenais, — bonne vie vous y ferez. — Le matin, poires et vin ; — au goûter, — poires et ail ; — pour souper, poires et pain.

56

Marmandés au sac,
Minjo rabuchos e cago tabat.

Marmandais au sac, — mange raves sauvages et rend tabac.

———

SOURCES

Bladé : *Proverbes recueillis en Agenais* — 3, 27, 28, 29, 30, 33, 34, 35, 36, 37, 48, 55, 56.

Bull. de la Soc. des Etudes du Lot, 1874 — 26, 50, 53.

CORDIER : *Patois du Lavedan* — 38 a, 44, 45, 46, 47.

CRAPELET — 7, 49.

HONNORAT : *Dict. provençal* — 9.

Intermédiaire, I, 298 — 42, 43.

Inventaire alph. du Languedoc — 5 b.

LEROUX : *Dict. com.* — 8, 10 a, 13, 18 a.

LEROUX DE LINCY — 4, 12, 17 a, 18 a, 46, 52.

MÉLUSINE — 5 a.

MÉRY — 54.

MIR — 1, 2, 11, 39.

MISTRAL — 16, 18 b, 31, 32, 40, 41.

OUDIN : *Curiosités* — 6.

VAYSSIER : *Gloss. de l'Aveyron* — 17 b, 19, 20, 21, 23, 24, 25, 38 b.

Communications de :

MM. DAYMARD — 14, 51.
  P. FESQUET — 22.
  PAUL SÉBILLOT — 10 b.
  VINSON — 15.

———

L'ILE-DE-FRANCE

L'ILE-DE-FRANCE ET SES DIVISIONS ANCIENNES

1

Tirachiens,
Tiraloups,
Tire la queue du loup.

On appelle Tirachiens les charretiers qui mènent à Provins le bois de la forêt de Chenoise dans de longues voitures traînées par de petits chevaux à demi sauvages. Ce nom leur vient de la petite province de Tiérache ou Tirache.

AISNE

2

Seignor de Loon.

Les seigneurs de Laon.

Laon a été la demeure ordinaire des rois de la seconde race, jusqu'au moment où les comtes de Paris se sont emparés du trône avec Hugues Capet. De là sans doute est venu ce dicton populaire.

(XIIIe siècle.)

3

Les glorieux de Laon.

4

Laon le Cloué.

D'après Flodoard, Laon a été surnommée ainsi à cause des clous brodés sur le manteau du préteur Marcobrius, qui aurait été le fondateur de cette ville.

5

Bouquet de feuilles de houx de Château-Thierry, nul ne s'y frotte.

6

Les beyeurs de Saint-Quentin.

Gens curieux et qui regardent au nez.

7

Le bénédicité de Saint-Quentin.

Dans les villages du Vermandois, les convives d'un grand repas commencent par embrasser leurs voisines. C'est ce qu'on appelle le bénédicité de Saint-Quentin.

8

La ribeaudie de Soissons.

Le libertinage de Soissons.

(XIIIᵉ siècle.)

9

Les beyeux de Soissons.

(XIIIᵉ siècle.)

10

Al mote d'Bohain, ch'est l'pus sale qu'fait l'cuisine.

Se dit lorsque celui qui fait la cuisine est sale et malpropre.
(Flandre.)

11

Tout le Monde, vacher de Chauny.

La tradition populaire raconte des faits merveilleux sur ce personnage. C'était, dit-on, une espèce de géant qui, pendant soixante-dix ans, fut vacher. Il gardait les vaches à cheval et offrait à boire d'excellent vin dans son cornet d'argent à ceux qui venaient le visiter.

12

Chauny la bien nommée.

Id est : Calva, dit Coliette.

13

Les singes de Chauny.

Une compagnie d'arquebusiers avait succédé à une compagnie d'archers ; elle portoit sur son drapeau un singe, animal fort laid ; de là leur dénomination.

14

Les larrons de Vermand.

Vermand est un ancien bourg de la Picardie, dans le département de l'Aisne. On lit dans les *Annales de Noyon* du P. Levasseur, t. I, p. 36 : « Quand quelqu'un de ce lieu passe par les villages d'alentour et qu'il est reconnu pour tel, chacun le houppe et crie après : Voilà un des larrons de Vermand. »

OISE

15

Les rougeots de Beauvais.

16

Bachelerie de Beauvez.

La jeune noblesse de Beauvais.

Les Beauvaisins étaient renommés pour d'excellents guerriers, et les exploits de leurs jeunes bacheliers militaires avaient sans doute mis en renom la *bachelerie* de Beauvais.

(xiii⁰ siècle.)

17

Tout bourgeois de Beauvais
A pignon sur rue et vigne à Rigolet.

18

Beauvais, ville mal sentante,
Mal sonnante, mal disante.

19

Clermont clair vin,
Grandes moisons, rien dedins.

20

Li cheitif de Senlis.

Les malheureux de Senlis.

(XIIIe siècle.)

21

Noyon bien sonnée.

Il y avait beaucoup de cloches dans l'ancienne église de
Saint-Charlemagne.

22

Noyon bien chantée.

Charlemagne ordonna le chant selon la réforme romaine, un
chant tellement chant, qu'il est tout ensemble mélodie et
psalmodie, ce qui a donné lieu au proverbe glorieux : « Noyon
bien chantée. »

23

Les friands de Noyon.

24

Les pékeux de leune de Bailleul-le-Soc.

On suppose, par ce sobriquet, que les habitants de Bailleul

sont assez simples pour essayer de pêcher la lune dans la
rivière où ils voient son image se réfléter.

SEINE

25

Mesure de Saint-Denis,
Plus grande que celle de Paris.

26

Les cochons de Sceaux.

Le marché considérable qui se tient chaque lundi dans cette
ville située à trois lieues de Paris a vraisemblablement donné
naissance à ce dicton. Maintenant encore, il n'est pas rare
d'entendre les gamins de Paris dire, en voyant quelqu'un
monter dans un omnibus se rendant à Sceaux : « Encore un
pourceau (pour Sceaux). »

27

Les têtes noires d'Antony.

28

a) Bourgeoise qu'est d'Aubervillier,
D'embonpoint vaut un millier.

b) Bourgeoise d'Aubervillers, les joues lui passent le nez.

29

Choux pour choux, Aubervilliers vaut bien Paris.

Pour exprimer qu'une personne en valait bien une autre.
L'origine de ce proverbe vient de ce que, quoiqu'Aubervilliers
ne soit qu'un village, comme il est presque tout planté de
choux, il y en a autant que dans Paris.

30

Ce sont les fols de Bagneux qui ont vendu leurs eaux pour avoir du son (des cloches).

31

Il me porte bissestre.

Il me porte malheur.

Dicton fondé sur une équivoque : l'année bissestre ou bissextile passait pour être malheureuse.

32

Les boyaux verts de Bourg–la–Reine.

Le voisinage de Sceaux où se tient tous les lundis une foire de bestiaux a peut-être donné lieu à ce dicton.

33

Aller à Cachan.

C'est-à-dire se cacher. Ce dicton, comme celui de Versailles = verser ; Niort = nier, est fondé sur un simple jeu de mots.

34

Ahuri de Chalieau,
Tout estourdy sortant du bateau.

Le cri : A Chaillot ! qui a été populaire de nos jours, est un souvenir de ce dicton.

35

Prendre la correspondance de Charenton.

Boire de l'absinthe. — Il y a à Charenton une maison de fous.

36

Montrouge,
Boyaux rouges.

37

Les caquelots pourris de Noisy-le-Sec.

38

Les hiboux du Plessis-Picquet.

Ce village est au milieu des bois.

39

C'est le greffier de Vaugirard, il ne peut écrire quand on le regarde.

Cet homme tenoit son greffe dans un endroit fort obscur, qui ne recevoit de jour que par une petite fenêtre; si on se mettoit devant lui, il n'y voyoit plus, par conséquent ne pouvoit plus écrire.

40

La burette du curé de Vaugirard.

Cela désignait une grande bouteille.

41

Les députés de Vaugirard, ils sont un

42

Tu viens de Vaugirard,
Ta gibecière sent le lard.

SEINE-ET-MARNE

43

a) L'anguille de Melun.

b) Fa coumo l'anguislo de Melun, crido abant d'estre escourjado.

Il fait comme l'anguille de Melun, il crie avant qu'on ne l'écorche.

(Languedoc.)

44

La crote de Mialz.

La crotte de Meaux.

Il falloit que cette ancienne capitale de la Brie fût bien bourbeuse et inabordable au xiiie siècle pour obtenir une mention spéciale sous le rapport de sa crotte, car Paris pouvoit réclamer contre cette préférence.

45

Li troteur de Miaus.

(xiiie siècle.)

46

Les chats de Meaux.

A propos de ce dicton il y a dans Fourtier une longue explication qui en ferait remonter l'origine au ixe siècle. Il est vraisemblable que ce sobriquet, comme beaucoup d'autres, fait allusion à un fait oublié, bien que moins lointain. Ailleurs Fourtier pense que le sobriquet vient de la prononciation de Miaux (Meaux).

47

Mon cousin Jérôme,
Sur le vart, sur le gris, sur le jaune.

Avant 1789, c'est par ces mots rimés que la population de
Coulommiers, groupée aux portes de la ville, la veille de la
fête patronale, saluait l'arrivée de tous les étrangers et les
suivait jusqu'à leur gîte provisoire. Voici quelle serait l'origine
de ce dicton. Une certaine veille de la fête, un jeune homme,
venant de Rebais, accoste à la porte de la ville un habitant
qui rentrait des champs et lui demande s'il connaît son cousin
Jérôme. « — Lequel ? Où demeure-t-il ? — Près de mon
cousin François. — Comment est-il fait ? comment s'habille-
t-il ? — Dam ! répond l'habitant de Rebais, sur le vart, sur
le gris, sur le jaune... » Le lendemain nos deux hommes se
rencontrent par les rues, l'un avait trouvé son cousin Jérôme,
l'autre de l'accueillir avec un éclat de rire, en lui chantant en
manière de complainte rythmée, les deux vers qui depuis
firent fortune.

48

Les mangeurs de Dagourmiaux.

L'agorniau est le nom local de la mâche ; il paraît que les
gens de Coulommiers en faisaient un grand usage.

49

Coulommiers, pot de chambre de la Brie.

Il pleut beaucoup en ce pays ; de là ce sobriquet, qu'il partage du reste avec Brest, Rouen, etc.

50

A Provins les claquots.

Les faiseurs d'embarras, les importants. C'est le sobriquet
donné aux Provinois par les paysans d'alentour.

51

Rouilly, Rouillot,
Fleigny, Fleignot,
La Bertonnière, les Trois-Moulins,
L'haut, l'bas d'Provins,
C'est tous guerdins.

52

La Ferté-Gaucher, la ville aux bêtes.

Les habitants interrogés sur l'origine de ce dicton répondent invariablement et non sans malice : « Il en passe plus qu'il n'en reste. » Il en est qui prétendent qu'il vient de l'usage où étaient les Fertois de se désigner entre eux par des surnoms empruntés à la nomenclature animale. On assure aussi, très loin de la ville, qu'on trouve à la Ferté–Gaucher des inscriptions naïves telles que : « Banc pour s'asseoir, pont pour passer l'eau, cadran pour savoir l'heure, etc. » Il y a à la Ferté une inscription sur une fontaine : c'est *Fontaine*, le nom de l'architecte.

53

Montereau, la poste aux ânes.

On a, sur l'origine de ce dicton, essayé plusieurs explications : selon les uns il viendrait de ce que les habitants louaient des ânes aux voyageurs, ou en employaient à remorquer les bateaux. Il y avait enfin entre les deux ponts de l'Yonne et de la Seine une auberge qui avait pour enseigne : « L'âne chargé de malice. » Il portait un panier renfermant un abbé, un singe et une femme.

54

a) Tu es de Lagny, tu n'as pas hâte.

b) Jean de Lagny qui n'a point de hâte.

Oudin prétend que c'est un reproche adressé à la lenteur

des gens de Lagny. D'après Fourtier, il s'agirait d'une allusion au duc de Parme, surnommé Jean de Lagny par la *Satire Ménippée* où on le qualifie de « roi de Brie, duc prétendu de Corbeil, etc. », et où on lui dit : « Enfin Jean prit Lagny et Lagny Jean, l'un vaut l'autre. » Le Duchat assure qu'il vient de ce que Jean-sans-Peur resta deux mois à Lagny sans avancer ni reculer.

55

Combien vaut l'orge.

Ce dicton mettait jadis en fureur les gens de Lagny. On a essayé de l'expliquer par un fait historique : le sac de Lagny par le seigneur de Lorges, ou par une légende qui veut que, dans un assaut, les gens de Lagny aient jeté des sacs d'orge à la tête des assaillants.

56

a) La mocquerie de Château-Landon.

(xiii° siècle.)

b)   Château-Landon,
Petite ville de grand renom,
Personne n'y passe qui n'ait son lardon.

Les habitants de cette petite ville étaient réputés très moqueurs au moyen-âge.

57

La lune de Bray.

On appelle ainsi la pleine lune, probablement à cause de la coïncidence qui existe assez souvent entre la pleine lune et la foire de Bray (14 septembre). Il y a peut-être aussi une allusion à une histoire comique comme celle de la lune pêchée que l'on attribue à plusieurs pays.

58

Les ventres jaunes de Jouy-sur-Morin.

SEINE-ET-OISE

59

Aller à Versailles.

Verser, en parlant d'une voiture et de ce qu'elle contient
Ce dicton était usité dès le XVII siècle. Oudin le cite (1640)
p. 569. Calembour populaire pour « verser ».

60

Les sablonniers d'Etampes.

Le sable de ce pays a la blancheur de la craie, c'est pour
quoi on a donné ce surnom à ses habitants. *Arena ejus loc*
cretæ albedinem ostendit, inde incolæ dicuntur, « les sablonnier
d'Etampes », Golnitz. (*Itinerarium belgico-gallicum,* p. 221.) A
XIII° siècle le sablon d'Etampes était cité dans les proverbes

61

Mantes la jolie.

62

Usurier de Pontoise.

63

a) Il revient de Pontoise.

b) Il a l'air de revenir de Pontoise.

D'après l'*Intermédiaire*, I, 345, ce dicton tirerait son origin
du transfèrement en 1753 de la Grand-Chambre du Parlemer
à Pontoise ; quand un an après ils revinrent à Paris, il
n'étaient plus au courant de la vie parisienne. En 1652, l
Parlement de Paris fut aussi transféré à Pontoise et blasonné
cf. entre autres la *Relation des plaisantes singeries du prétend*

parlement de Pontoise (Paris, 1652, 10 p. in-4º. A cette époque on fit un dicton ou un refrain de chanson : « De Paris à Pontoise et de Pontoise à Paris ».

64

Il est d'Meeûdon !

Cette prononciation allongée a pour but de se moquer de celle des gens de Meudon.

65

On en rirait au Pecq.

Cela se dit quand quelqu'un a lâché un mot qu'il croyait plaisant et qui ne l'est pas.

66

Contre les habitants de Saint-Germain-en-Laye :

> Enfant de la terrasse,
> Bonne nourriture
> Et mauvaise race.

SOURCES

Bourquelot : *Patois de Provins* — 1.

Crapelet — 2, 6, 8, 9, 10, 16, 20, 44, 45, 56 *a*, 64.

Corblet : *Pat. picard* — 4, 7, 11, 12, 13, 14, 15, 18, 19, 21, 22, 23, 24, 26, 27.

Fourtier : *Dictons de Seine-et-Marne* — 46, 47, 48, 49, 50, 51, 52, 53, 54 *b*, 55, 56 *b*, 57, 60, 61.

Iécart : *Dict. rouchi* — 10.

Intermédiaire, I, 345, 363 — 36, 63 *a*, 63 *b*, 67.

Jaubert : *Gloss. du Centre* — 63.

Leroux de Lincy — 3, 5, 6, 17, 20, 26, 27, 28, 30, 34, 38, 42 *a*, 45, 62.

Leroux : *Dict. com.* — 39.

Mir — 42 *b*.

Oudin : *Curiosités* — 1, 25, 29, 31, 33, 40, 41, 43, 44, 54 *b*
58 *a*, 59.

Rolland : *Rimes de l'enfance*, Maisonneuve, 1883 — 66.

Communications de :

MM. P. Guyot — 37, 46, 64, 65.
     André Lefèvre — 58.
     Sahib (Lesage) — 35.

————

LANGUEDOC

LE LANGUEDOC ET LES LANGUEDOCIENS

1

Sont de finesses de Cevennes courdurades en de fio
blanc.

Ce sont des finesses de Cévennes cousues de fil blanc.

2

Gavachou de la mountanha
Rousigava la castanha.
La castanha se perdet :
Lou gavachou se penjet.

*Le gavache des montagnes — ne se nourrit que de châ
taignes. — La récolte des châtaignes ayant manqué : — il s
pendit.*

3

De gens de Cevenas
Noun fagues padenas,
Que traucadas soun.

Des gens des Cévennes — ne fais pas poêle à frire, — car ils sont troués (on ne peut s'y fier).

4

Ey gens dau Languedoc,
Chasque det leur vau un croc.

Allusion à leur mauvaise foi.

5

a) Sel vent bufo del Canigou,
Pastre, mete lou capichou.

Si le vent souffle du Canigou, — pâtre, mets ton manteau.

b) Se Canigou aviè 'n canal,
Dounariè à beùre al Cantal.

Si le Canigou avait un canal, — il donnerait à boire au Cantal.

6

Noro dis à Mount-Aut :
« Presto-me toun brisaud. »
« Quand tu, Mount-Aut respond, as fre, ieù n'ai pas caut. »

*Le Noro dit au Montaut : — « Prête-moi ton sarrau. »
— Quand tu as froid, répond Montaut, moi je n'ai pas chaud.*

Ces deux montagnes sont des pics des Montagnes-Noires.

7

Se Cesse e Aude arribon en janviè,
Podes prepara toun paniè ;
S'arribon en agoust,
Auras un paure moust.

Si le Cesse et l'Aude ont des crues en janvier, — tu peux préparer ton panier ; — s'ils en ont en août, — tu auras une pauvre récolte de vin.

8

Quand l'Erau crèbo avans Toussant,
Crebo noù cop de l'an.

Quand l'Hérault a une crue avant la Toussaint, — il y a neuf crues dans l'année.

9

Quand lou Ventour a soun capeù,
E Magalouno soun manteù,
Bouié, destalo et vai-t'en-leù.

Quand le Ventoux a son chapeau — et Maguelonne son manteau, — bouvier, dételle et va-t-en.

10

Promettre sur les rives du Tarn (c.-à-d. sur les rives du *tard;* l'*n* de Tarn ne se prononce pas dans le pays).

Calembour : faire une promesse qu'on ne veut pas tenir.

ARDÈCHE

11

a) L'Argentiero sènso argènt.

L'Argentière sans argent.

Dicton fondé sur un calembour.

> *b)* Largentière sans argent,
> Joyeuse sans joie,
> Et les Vans sans vent.

12

> Entre Tin et Tournon
> Ne paist brebis ne mouton.

Tournon communique par un pont avec la ville de Thain, dont elle est séparée par le Rhône.

13

Li badau doú Bourg.

Les badauds de Bourg-Saint-Andéol.

14

Lis embasto-biou.

Les bâteurs de bœufs. (Sobriquet des gens de Vogué.)

15

Lis esterpo-bruso.

Les défricheurs de bruyères. (Sobriquet des gens de Tauriers.)

AUDE

16

L'abat de Carcassouno,
Que li presto, li douno.

L'abbé de Carcassonne, — qui lui prête lui donne.

Dicton usité en Béarn contre les mauvais débiteurs.

17

Li flanaire.

Les flâneurs, les museurs.

Sobriquet des gens de Narbonne.

18

La misèri d'Alet
Qu'en pertout se met.

La misère d'Alet — qui partout se met.

19

Las gents de courage d'Antugnac : sèt escapèron à n-un, armats jusquos las dents.

Les gens de courage d'Astugnac : sept résisteront à un, armés jusqu'aux dents.

20

Aici tout se vend lou double,
Per-ço-que sian sus la ribiero d'Argendouble.

*Ici tout se vend au double, — parce que nous sommes sur
la rivière d'Argendouble.*

Elle passe à Cannes où l'on dit cela.

21

Cap de coutou.

Tête de coton.

Sobriquet des gens de Limoux et de Montréal, parce que
jadis les drapiers de ces pays tissaient en coton les têtes de
leurs draps.

22

Tenten, Làmpi e Bernassouno
Passon sous lou pont d'Auzonno.

*Le Teuten, le Lampi et la Bernassoune — passent sous
le pont d'Alzonne.*

Ce sont trois petites rivières qui passent sous le pont
d'Alzonne.

GARD

23

Que sort de Nismes
Perd son îme.

Qui sort de Nîmes — perd le jugement.

24

Fay parla d'el coume lou cabrié de Nismes.

Elle fait parler d'elle comme le chevrier de Nîmes.

25

Casso-lignoto.

Chasseurs de linottes.

Sobriquet des gens de Nîmes.

26

Arle lou grand,
Nîmes lou coumerçant.

27

Couma las castagnas daou Bigan, una bono emb' una michanta.

Comme les châtaignes du Vigan, une bonne et une mauvaise.

28

A Fournès,
De quatre lou diable n'a tres.

A Fournès, — sur quatre le diable a trois habitants.

29

Lous Cigaus de Sent Hipoulite.

Les cigales de Saint-Hippolyte-du-Fort.

C'est le surnom que donnent aux habitants de cette petite ville les villageois des environs.

30

Aco sara lou pont doú Sant-Esperit.

Cela se dit d'une chose interminable ; la ville de Pont-Saint-Esprit tire son nom d'un pont bâti sur le Rhône en 1265 à l'endroit où un moine avait vu en songe descendre des langues de feu.

HAUTE GARONNE

31

Canta coumo un Toulousin.

Chanter comme un Toulousain.

(Languedoc.)

32

De grand noublesso prend titoul
Qui de Toulouso es capitoul.

C'est un proverbe toulousain. La dignité de capitoul conférait de droit la noblesse à ses titulaires. Ils étaient au nombre de huit.

33

Rigueur de Toulouse, humanité de Bordeaux, miséricorde de Rouen, justice de Paris, bœuf sanglant, mouton bêlant et porc pourri : et tout n'en vaut rien, s'il n'est bien cuit.

(XVIᵉ siècle.)

34

Les bons étudians de Toulouse.

Chasseneux (*Catalogus gloriæ mundi*, p. 10, cons. 32), en parlant de l'indiscipline des écoliers et des désordres qu'ils commettaient, cite le surnom donné à ceux d'Orléans, d'Angers, de Paris, etc., et il ajoute : « Cependant l'on dit de ceux de Toulouse : les bons estuans de Tholouse ».

35

Estre coumo las aucos de Blagnac, que se lévon de matin pèr beúre.

Etre comme les oisons de Blagnac, qui se lèvent dès le matin pour boire.

HÉRAULT

36

Epoussette de Montpellier.

Coups de bâton. — On lit dans les *Mémoires* de Philippi sous l'année 1562 : « MM. de Saint-Pierre ayant mis garnison dans leur fort avec la permission de Joyeuse, les protestants s'armèrent de leur côté et firent faire garde la nuit ; quelques-uns allèrent par troupes le jour armés de gros bâtons dont ils frappoient, et ces bâtons se nommoient espoussettes, d'où vint en proverbe l'*Espoussette de Montpellier.* » (*Mémoires rel. à l'hist. de France,* t. VIII, 1re série, p. 624, éd. Michaut.)

37

Man treibt den Ochsen nach Montpellier,
Und kommt er heim, bleibt er ein Stier.

On mène un bœuf à Montpellier, — quand il revient chez lui, c'est toujours un bœuf.

(Prov. allemand.)

Montpellier était le siège d'une université célèbre.

38

Couvit de Mount-peliè
Couvit de l'escalié.

Invitation de Montpellier, — invitation sur l'escalier.

39

Lous comels de Bézier.

Les chameaux de Béziers.

Ce sobriquet tire son origine du chameau que l'on prome-
nait dans cette ville certain jour de fête.

40

Se Dieú tournavo en terro, abitarié Béziés
(Pèr i èstre mes en croux uno segoundo fes).

*Si Dieu revenait sur terre, il habiterait Béziers — (pour
y être mis en croix une seconde fois).*

Cette fin est sans doute ajoutée par les voisins de cette ville.

41

Li foutralet.

Les petits sots, les foutriquets. (Sobriquet des gens de
Béziers.)

42

Lous mange-tripos de Loudebo,
Que los manjou sons lobà,
E lous ases sons escourgà.

*Les mange-tripes de Lodève, — qui les mangent sans les
laver, — et les ânes sans (les) écorcher.*

43

Lous pesco-luno de Lunel.

Les pêche-lune de Lunel.

On assure qu'ils voulurent pêcher la lune qui se reflétait dans un étang.

44

L'ase de Gigna.

C'est un âne qui figure à Gignac dans certaines fêtes ; une tradition rapporte que Gignac fut sauvé des Sarrasins par le braiment d'un âne. Les gens de ce pays s'appellent *les Ases de Gigna.*

45

Clar-mount
Pichoto vilo, meichant renoum.

Clermont-Lodève, — petite ville, mauvais renom.

46

Li baiso-varrouls de Sant-Tibèri.

C'est le sobriquet des gens de Saint-Thibéry ; à Agde, localité voisine, on dit d'un fou qu'il peut aller baiser le verrou de Saint-Thibéry.

LOZÈRE

47

Lozère,
Pays de misère.

48

Gleiso d'Albi, pourtal de Councos, clouquiè de Roudes, campano de Mende.

Eglise d'Albi, portail de Congues, clocher de Rodez, cloche de Mende.

TARN

49

Long coumo lou camin d'Albi.

Long comme le chemin d'Albi.

Dicton usité à Castres.

TARN-ET-GARONNE

50

Cancon,
Petite ville, mauvais renom.

51

Coumo moussu dé Mountagut,
Un pè caoussat, l'aoutré pé nut.

Comme monsieur de Montaigu, — un pied chaussé et l'autre nu (pied-nu).

Se dit d'une personne qui n'a pas ses deux chaussures pareilles.

52

S'ès dé Tournou,
Disés oui en disen nou.

Tu es de Tournon, — tu dis oui en disant non.

Se dit à une jeune fille qui en disant NON sous-entend OUI.
— Tournon est un chef-lieu de canton du Lot-et-Garonne;
ses jeunes filles ont la réputalion d'être coquettes.

SOURCES

BINDER : *Medulla Proverbiorum* — 37.

DESPÉRIERS — 33.

Epître du Languedoc — 39, 42, 43.

Inventaire alph. du Languedoc — 1, 4, 23, 24.

LEROUX DE LINCY — 12, 34, 36.

MÉRY — 35.

Mélusine — 47.

MISTRAL — **5** *a*, 5 *b*, 5 *c*, 6, 7, 8, 9, 11 *a*, 13, 14, 15, 16, 17,
18, 19, 20, 21, 22, 25, 26, 28, 30, 32, 35, 37, 40, 41, 44, **45**,
46, 48, 49.

MILLIN : *Voy. dans le Midi* — 38.

MIR — 31.

MONTEL — 50.

Revue des langues romanes, IV, 307-311 — 2, 3 ; — 3ᵉ série, I,
302 — 29.

ROUVIÈRE : dans *Rev. des l. romanes* — 27.

Communications de :

MM. DAYMARD — 10, 50, 51, 52.

P. FESQUET — 11 *b*.

LIMOUSIN

LE LIMOUSIN ET LES LIMOUSINS

1

Le Limousin ne périra pas par sécheresse.

(Bas-Limousin.)

2

Li plus roignox en Limozin.

Les plus rogneux en Limousin.

Il paraît que la gale était endémique au XIIIe siècle dans le Limousin.

3

Sale comme un Limousin.

4

Les Auvergnats et Lymosins
Font leurs affaires, puis celles de leurs voisins.

(XVIe siècle.)

5

Manja de pa coumo un Limousi.

Manger du pain comme un Limousin.

Le proverbe existait aussi en latin au moyen-âge :
Lemovix panis helluo.

6

a) Mindza lo soupo coumo un Limousi.

Manger de la soupe comme un Limousin

b) Soupe de Limousin.

(Paris.)

7

Apetissat coumo un Limousi.

(Languedoc.)

8

Papes de Limosin, chanceliers d'Auvergne, maréchaux de Gascogne, jurisconsultes de Bourges.

Au xive siècle, le Bas-Limousin a donné trois papes à l'Eglise : Clément VI, Innocent VI et Grégoire XI. Le proverbe est évidemment de cette époque.

9

Gueux comme un gentilhomme de Ligoure.

Ce pays était enclavé dans le Limousin. On dit ce proverbe : « Gueux, etc. ; ils n'ont qu'un fusil, un chien galeux, ils vont à la chasse, ce sont des gentillâtres ».

10

Gergonner en Lymosinois.

Il s'agit des paroles, difficiles à comprendre, puisque les commentateurs n'ont pas essayé de les expliquer, que Pathelin adresse au drapier pour lui faire croire qu'il a le délire.

(xve siècle.)

11

Zeste de Limousin.

Par ironie, ce mot veut dire une croute ou mie de pain trempée dans du vin, comme on dit des trempettes.

12

Chapon de Limousin.

Des châtaignes ou des marrons qui sont en grande abondance au pays de Limoges.

DICTONS GÉOGRAPHIQUES

13

Si n'éra Cantal e Mount-d'or,
Lou bouiers pourtarian un égulhada d'or.

Si n'était le Cantal et le Mont-Dor, — les bouviers porteraient une aiguille d'or.

Le voisinage de ces deux montagnes de l'Auvergne cause les brusques variations de la température du Bas-Limousin, surtout au printemps.

14

Can lou pueg d'En-Grauzat pren soun negre capel,
Manque pas, pelegris, de prener toun mantel.

Lorsque le puy de Grauzat prend son noir chapeau, — ne manque pas, pèlerin, de prendre ton manteau.

CORRÈZE

15

Tullo lo poliardo,
Brivo lo goliardo.

Tulle la paillarde, — *Brive la gaillarde* (c.-à-d. portée aux plaisirs).

16

Cue o fillo en Coirou, o gendre o Ooubosino.

Qui a fille à Coiroux, a gendre à Aubasine.

Il y avait autrefois à Aubasine un couvent de Bernardins et à Coiroux un couvent de Bernardines. C'est ce qui avait donné lieu au dicton.

17

Lous toous de Lagueno.

Les hannetons de Laguenne.

C'est le nom donné aux voituriers de ce pays.

18

Fa lou guinde de-i Tramoun.

Faire comme le dindon de Tramont.

Cela se dit d'un homme qui se tait dans une conversation à laquelle il pourrait prendre part. — Un villageois de Tramont (près Tulle) avoit un gros dindon, et un monsieur de ses voisins un perroquet qui parloit. Un jour, ils se disputoient sur le mérite de leurs bêtes. Le monsieur dit : « Moun aousel parlo, e lou teu nou di re. — Oh ! répondit le paysan, se lou meou ne dit re, n'en penso pas min ».

19

a) Qui a maison à Luzerche,
 A château en Limousin.

La seconde ville du Bas-Limosin est Uzerche, assise sur le torrent de la Vezère et presque imprenable. Les eaux la défendent de tous côtés et n'y a que deux avenues, mais si fortes, qu'on dit communément : « Qui a maison, etc. » (Duchesne, *Antiquités des villes de France*, I, 676). On disait « Uzerche la pucelle ; » elle a pourtant été prise plusieurs fois. Ce dicton est encore usité.

b) Quau a maijou en Uzercha, a chastel en Lemousis.

20

> Tourena
> Rena !
> Castelnueu
> Te crana ma d'un neu.

Turenne — grogne ! — Castelnau — ne te craint que d'un œuf.

La maison de Castelnau ne devait, dit-on, que l'hommage d'un œuf à la maison de Turenne. Cet œuf unique était porté sur une charrette avec force amusement.

21

Lous ases de Bort suon d'avansa can vezon venir la bastina.

Les ânes de Bort suent d'avance quand ils voient venir le bât.

22

> Pauc per pauc
> L'argent d'Espanha monta à Sent Pau.

Petit à petit — l'argent d'Espagne monte à Saint-Paul.

Les gens de Saint-Paul émigrant en Espagne rentraient au pays après fortune faite.

HAUTE-VIENNE

23

Li souffleur de Limoges.

(XIIIᵉ siècle.)

24

Convoi de Limoges.

On nomme ainsi l'usage de se reconduire l'un l'autre avec cérémonie. Après avoir reconduit une personne à son domicile, elle vous reconduit à son tour. Cette coutume a été fort en usage à Limoges, et de là est venu le dicton. D'Aubigné, *Baron de Fœneste*, y fait allusion : « Deux Limosins passèrent une nuit à se convoyer ».

25

Coquin, tu es de Bellac !

D'après l'*Intermédiaire*, I, 221, l'explication se trouverait dans Lafontaine (*Lettres*) qui raconte la tromperie d'un lieutenant de robe courte. Il fit consentir un gueux, moyennant vingt pistoles et promesse de grâce, à se laisser pendre à la place d'un criminel, mais il le leurra.

26

La tromperie de Bellac.

Ce serait une allusion au vin de ce pays : « Quoy que nous eussions choisi la meilleure hostellerie, nous y beusmes du vin à teindre les nappes, et qu'on appelle communément « la tromperie de Bellac ». Ce proverbe a cela de bon que Louis XIII en est l'auteur. (Lafontaine, *Lett.*, XIX, t. II, 361, bibl. elz.)

SOURCES

Béronie — 6 *b*, 15, 16, 17, 18.
Crapelet — 2, 23.
Farce de Pathelin — 10.
Intermédiaire, I, 221 — 25, 26.
Leroux : *Dict. com.* — 11, 12.
Leroux de Lincy — 4, 19 *a*.
Mir — 5, 6 *a*, 7.
Mistral — 22.
Musée des familles — 3.
Roux : *Zeitschrift für rom. Philologie* — 8, 9, 13, 14, 19 *b*, 20, 21, 22.

Communications de M. Paul Sébillot — 24.

LORRAINE

LA LORRAINE ET LES LORRAINS

1

Il faut voir, disent les Lorrains.

Ce dicton fait allusion à leur prudence.

2

a)   Lorrain mauvais chien,
    Traître à Dieu et à son prochain.

b)   Lorrain villain,
Traître à Dieu et à son prochain.

3

Lorrains, dégraisseurs de soupe à soldat.

On les désigne ainsi parce qu'ils tirent parti de tout.

4

Mit de Luthringer isch nit güet kéjle.

Avec les Lorrains il ne fait pas bon jouer aux quilles
(c.-à-d. ils sont méchants).

(Alsace.)

5

Li meillor danseor en Loheraine.

Les meilleurs danseurs sont en Lorraine.

(xiiie siècle.)

6

Femmes de Barrois,
Vin du Toulois,
Ne valent pas le charroi.

7

L'hiver passe par Lorraine en France.

8

À la Gueule-d'Enfer
La Meurthe se joint à la Moselle.

Nom donné au confluent des deux rivières.

MEURTHE

9

Qui avait pignon à Nancy avait château en Lorraine.

Chaque seigneur lorrain qui avait donjon féodal au village, tenait à avoir pignon dans la capitale du duché.

10

Toul, la ville sonnante.

Surnom qu'on lui donnait avant la Révolution à cause des cent cloches de ses paroisses et nombreuses maisons religieuses.

11

Quand la plaine de Benney et celle de Vézelise sont embla-
La Lorraine ne doit pas craindre d'être affamée.   [vées,

Allusion à la fertilité de cette région.

12

C'est une hypothèque sur les friches d'Ochey.

Ochey est connu par la stérilité de son territoire.

13

Ai Yaireuf,
L'diable y creve

A Uruffe, — le diable y crève (de faim).

Allusion à la stérilité du territoire.

14

Vaudémont,
Petite ville et grand renom.

15

Vézelise, le pot de chambre de la Lorraine.

16

Il n en fait qu'à sa tête, comme le chapelier de Vézelise.

Celui-ci, paraît-il, ne faisait de chapeaux que sur une seule
forme.

17

Vie coume l'chaimin d'Viey.

Vieux comme le chemin de Villey-Saint-Étienne.

MEUSE

18

Li musart de Verdun.

Les fainéants, les oisifs de Verdun.

Interprétation honnête de ce dicton, dont le **mot musart**
disait un peu plus dans le vieux langage.

(XIII° siècle.)

19

A fond coume l'puï de Berey.

Profond comme le puits de Burey-la-Côte (Meuse).

Village où se trouve un puits très profond.

MOSELLE

20

Metz la pucelle.

Dicton juste jusqu'en 1870, et qui indiquait que Metz, souvent assiégé, n'avait jamais été pris.

21

Li usuriez de Metz.

Se disait des Juifs qui étaient en grand nombre à Metz.

(XIIIe siècle.)

22

Se confesser comme les cordeliers de Metz.

C'est-à-dire se battre et s'entretuer.

(XVIe siècle.)

VOSGES

23

Qui est connu en Vosges n'est pas inconnu partout.

24

Ce n'serôm lai foie d'Epinau si in pieuvóm.

Allusion au mauvais temps très fréquent le jour de la foire d'Epinal.

25

Il n'aura pas de bottes à Neufchâteau.

Se dit d'un homme qui craint sa femme : C'est une allusion à l'enseigne d'un bottier qui offre de chausser gratis celui qui ne craint pas sa femme.

26

Il n'existe qu'une bonne femme au monde et elle se trouve sans tête à Neufchâteau.

Allusion à une enseigne représentant une femme sans tête.

27

Remiremont la coquette.

28

Les seigneurs de Châtel,
Les messieurs de Charmes,
Les gens d'Epinal.

29

Sans Gérardmer et un peu Nancy,
Que serait la Lorraine ?

Ce dicton exprime la fierté qu'ont les habitants de Gérardines de la beauté de leur site.

30

Greux los bocqueïes

Qu'nont qu'eun' ch'minge de cueïe,
Qu'ot co piéïne de peuïe.

*Greux les boucs — qui n'ont qu'une chemise de nuit —
qui est encore pleine de pous.*

Greux, arrondissement de Neufchâteau.

31

Rambervilliers, les têtes de veau.

On raconte qu'à Rambervilliers un jour, dans un pique
nique, chacun avait apporté une tête de veau. Autant de
têtes de veaux que de convives !

———

SOURCES

Alsaticus — 4.
CRAPELET — 5, 18, 21.
LEROUX DE LINCY — 2*a*, 5, 7, 18, 22.
Lettres à Grégoire — 8.
Le véritable Sancho Pança — 23.
Mélusine — 6, 23.
MONTÉMONT : *Voy. à Dresde* — 27.
OLRY — 1, 8, 9, 10, 11, 12, 13, 14, 15, 16, 17, 19, 24, 25, 26,
29, 30, 31.

Communications de :

MM. S. BERGER : 28.
H. GAIDOZ — 2 *b*, 20.
E. ROLLAND — 3.

———

LYONNAIS ET FOREZ

LES LYONNAIS ET LES FORÉZIENS

1

Les Forignats.

Les Auvergnats nomment ainsi par moquerie les habitants
du Forez.

2

a) Marchandise de Forés,
Courte et renforcée.

Cela se dit d'une personne de petite taille, mais grosse.
C'est à cause des ouvrages de fer, etc., de ce pays.

b) Marchandiso de Fourès.

Marchandise de pacotille.

c) Aco's Fourès.

C'est de la camelotte.

d) Cambo de Fourès.

Jambe débile.

e) Couteù de Fourès.

Mauvais couteau.

8

Avoucat de Fourès.

Avocat sans cause.

4

Un bon Fourès.

Un bon fusil.

5

Chembelia lou vediaou de Fouri,
Ke valon maï a dou an ka tri.

Il ressemble aux veaux de Forez, — qui valent mieux à deux ans qu'à trois.

6

Les ventres jaunes.

C'est ainsi qu'on appelle les Planards ou habitants de la plaine du Forez.

7

DICTON GÉOGRAPHIQUE

A Lyon,
La Saône perd son nom.

LOIRE

8

Gaga, gagassi de Saint-Etienne.

Des étymologistes trop savants ont trouvé l'origine de ce

mot dans *gagate*, terme qui en grec, en latin et en **espagnol** signifie pierre noire, jais, etc. Nous pensons que ce sobriquet a été donné aux Stéphanois à cause de la sonorité et de la volubilité de leur patois qui contraste étrangement avec le parler lent et mesuré des habitants de la plaine. En d'autres provinces, gagasser signifie parler rapidement et d'une façon gutturale. (Note de Gras.)

9

Les jaunes.

Ce mot est pour les bouchers, à Saint-Etienne, la plus sanglante injure. On sait que les juifs, nommés aussi jaunes dans le Midi à cause des habits que la loi les obligeait à porter, tuent eux-mêmes les animaux dont ils se nourrissent. Il est probable que les bouchers de Saint-Etienne ignorent qu'on les traite de juifs lorsqu'on les appelle *jaunes*; mais, en bons chrétiens, ils ont le droit de se fâcher de cette injure.

10

Uno corrèlo de Sent Estienne.

Un roseau de Saint-Etienne. = Un fusil.

(Aveyron.)

11

Los éfants de Saint-Jean-des-Vignos
Né font pas comma lou Gagas
Qui vindaïmont avoye dé pignos.

Les enfants de Saint-Jean-des-Vignes — ne font pas comme les habitants de Saint-Etienne — qui vendangent avec des peignes.

A Saint-Jean-des-Vignes, village du canton d'Anse, Beaujolais, on vendange avec des bennes et des couteaux. Les Gagas, c'est-à-dire les habitants de Saint-Etienne-en-Forez, qui n'ont pas de vignobles, font une espèce de piquette avec des airelles qu'ils vont cueillir au mont Pilat et qu'ils ramassent avec un peigne de fer et des paniers.

12

Les ânons de Montbrison.

Ce sobriquet existe depuis plus de trois siècles, et les habitants de Chagnon et de Luré le partagent avec les Montbrisonnais. Pour expliquer l'origine de ce dicton, on a raconté plusieurs anecdotes ; elles sont apocryphes, et ce surnom fait probablement allusion, soit au caractère doux et patient des Montbrisonnais, soit à l'influence des ânes qui sont amenés aux importants marchés de cette ville. Parmi les anecdotes sur le blason de Montbrison, en voici une qui est assez plaisante :

> François Ier entrait à Montbrison,
> Et le bailli lui lisait sa harangue.
> Or, tout auprès, un âne vieux grison,
> Complimentait le sire dans sa langue.
> En ce moment, rapporte un vieil auteur,
> Qu'on aurait tort de soupçonner menteur,
> Le roi François, gaillard et bon apôtre,
> Leur dit : « Messieurs, parlez l'un après l'autre. »

13

Les couramiaus de Saint-Chamond.

On les surnomme ainsi parce que, au lieu de suivre les préceptes de la cuisine bourgeoise : « Pour faire un civet il faut un lièvre », ils préfèrent prendre un chat, ils courent aux miao.

14

Vardegi lo Cremoclo.

Rive-de-Gier l'Enfumé.

15

Les camisards de Sauvain.

Ce mot, par lequel on désignait les Calvinistes des Cévennes à la fin du xviie siècle, est encore aujourd'hui le surnom des Sauvagnards.

RHONE

16

Li maistre de Lions.

Les maîtres de Lyon.

(XIIIe siècle.)

La maîtrise étoit une charge qui donnait la qualité de
maître. On a ensuite étendu ce titre honorifique à ceux qui
excellèrent dans les sciences ou les arts, ou qui étoient
pourvus de certains offices civils.

17

Il est comme le gouverneur de Lions, il a peur qu'on le
méconnoise.

Se dit de celui qui porte toujours un même habit.

18

— Sais-tu lire ?
— Non.
— Sais-tu nager ?
— Oui.
- T'es de Lyon.

19

Lyonnais
Niais.

20

Faire passer par Vaise.

Se tromper. Vaise, faubourg de Lyon, était au moyen-âge
mal famé pour ses mœurs.

21

Artilleurs de Venissieu.

C'est le nom qu'on donne à Lyon aux **vidangeurs**. Venis-
sieux est un village de la banlieue.

22

Il est comme l'innocent de la Plâtière, qui prenait des
sous pour des liards.

Allusion à une histoire locale. La Plâtière est une petite
place près de la Saône.

23

De Villefranche à Anse,
La plus belle lieue de France.

Le paysage est en effet très beau ; quelques personnes tra-
duisirent la plus belle lieue par la plus longue. C'est une vraie
lieue savoyarde qui n'a rien de commun avec celle des environs de Paris.

24

Villefranche sans franchises, Belleville sans beauté,
Beaujeu sans atout.

25

Per étro bon Givordin,
Faut être grand, fort et pas fin.

Les habitants de Givors étant tous mariniers sur le Rhône,
autrefois, devaient être grands et fortement musclés, et c'était,
en effet, une belle et forte population. Quant au mot *pas fin*,
nous croyons (dit notre correspondant, M. Vingtrinier) qu'il
n'est là que pour la rime.

26

Le Carémi de Mornant.

Dans plusieurs villages de la Loire et du Rhône, on donne
le nom de Carémi à quelque sculpture grotesque de l'église
que les enfants feignent de tuer à coups de pierre le samedi
saint. Le Carémi de Mornant était encore célèbre vers 1830.
Les ouvriers qui se rencontraient faisant leur tour de France
se demandaient en signe de ralliement : « As-tu passé par
Mornant ? — Oui. — Qu'as-tu vu ? » Si l'interrogé répondait :
« J'ai vu Carémi », il était reconnu pour vrai compagnon.
(Cochard, *Notice sur Saint-Symphorien-le-Château.*)

27

Les fifres de Mornant.

On assure que parmi les troupes qui harcelèrent les Tards-
Venus dans leur marche sur Lyon et la Provence, se trouvaient
des gens de Mornant qui se distinguèrent. Leur petite troupe,
la première au danger, était conduite au combat par des mu-
siciens, des pâtres, qui, soit qu'ils jouassent de la petite flûte,
soit, comme le dit la tradition, qu'ils se servissent de trom-
pettes faites d'écorce de saule, surent jeter la terreur jusque
dans les rangs de soudards rompus à tous les périls. Quand
les fifres de Mornant se faisaient entendre sur les hauts pla-
teaux, la folie belliqueuse saisissait bergers, manants, laboureurs, et l'avalanche humaine, descendant des hauteurs,
entraînait tout jusqu'à Saint-Laurent et à Taluyers. Les fifres
de Mornant jouissent encore de la plus haute notoriété dans
les montagnes du Lyonnais ; on les a célébrés dans des chants
populaires et ils sont le sujet de longs récits dans les veillées.
Il y a peu d'années, la ville de Mornant ayant fait bâtir une
belle mairie, l'autorité a fait sculpter deux fifres en sautoir,
au-dessus de la porte d'entrée.

28

Celu que pousse à San-Saporin
Beïrat mèt de piquetto que de vin.

*Celui qui passe par Saint-Symphorien — boira plus de
piquette que de vin.*

Saint-Symphorien-le–Château, ancienne petite ville, dans la chaîne de montagnes qui sépare le département du Rhône de celui de la Loire. Le climat y est froid ; de grands bois couvrent les hauteurs. On ne cultive pas la vigne dans ce canton.

———

SOURCES

CRAPELET — 16.

GRAS : *Dict. du pat. forézien* — 1, 6, 8, 9, 12, 13, 14, 26.

LEROUX : *Dict. com.* — 2 *a*, 17.

LEROUX DE LINCY — 7.

MISTRAL — 2 *b*, 2 *c*, 2 *d*, 2 *e*, 3, 4.

VAYSSIER : *Gloss. de l'Aveyron* — 10.

Communications de :

MM. Paul LEBLANC — 5.

Paul SÉBILLOT — 21.

A. VINGTRINIER — 11, 18, 19, 20, 21, 22, 23, 24, 25, 26, 27, 28.

———

MAINE

LE MAINE ET LES MANCEAUX.

1

Un Manceau vaut un Normand et demi.

2

Notaire du Perche, il passe plus d'échaliers que de contrats.

3

Bas-vestier.

On qualifie ainsi les paysans et les paysannes du Bas-Maine, surtout des arrondissements de Laval et de Mayenne. La forme de la veste ou du gilet a dû être pour quelque chose dans l'origine de cette qualification.

DICTONS GÉOGRAPHIQUES

4

Au lieu de Clisson,
La Mayenne perd son nom.

(xvie siècle.)

5

Si Haut-Fourché était sur Narbonne,
On verrait Paris et Rome.

Dicton des riverains de la Sarthe en aval d'Alençon. Le Narbonne a 119 mètres d'altitude, et le Haut-Fourché 128.

SARTHE

6

Du Mans le païs est bon,
Mais aux gens ne se fie-t-on.

7

Li papelart du Mans.

Les faux dévôts et gens de mauvaise foi du Mans. On a remarqué que de tout temps les Manceaux avoient été processifs.

(xiiie siècle.)

8

Li demoisel du Mans.

(xiiiᵉ siècle.)

9

Li espringneur du Mans.

Les sauteurs, les danseurs du Mans.

(xiiiᵉ siècle.)

10

Des agnelles de la Ferté-Bernard, il n'en faut que deux pour étrangler un loup.

Ce proverbe prend son origine d'une ruse de guerre imaginée par les ligueurs de la Ferté en 1590 ; sous le commandement du gouverneur Comnène, ils se déguisèrent en femmes pour surprendre les royalistes qui les assiégeaient ; mais René de Bouillé, chef de ceux-ci, ne s'y laissa pas prendre et repoussa vigoureusement la mascarade ligueuse Malgré cet insuccès, le proverbe en question prit naissance.

11

Les copieux (de la Flèche).

(xviᵉ siècle.)

Ainsi ont-ils été nommés par leurs gaudisseries. Jamais homme n'y passoit qui n'eut son lardon. Ménage écrit : « Les copieurs de la Flèche », de copier, imiter malignement. La nouvelle xxviii est intitulée : « Des copieux de la Flèche en Anjou ; comment ils furent trompés par Picquet au moyen d'une lamproie. »

———

SOURCES

Crapelet — 7, 8, 9.
Despériers — 11.

FLEURY DE BELLINGEN — 1.
LEROUX DE LINCY — 2, 4, 6.
MONTESSON : *Vocab. du Haut-Maine* — 3, 10.
O. RECLUS : *France*, p. 136 — 5.

———

MARCHE

LA MARCHE ET LES MARCHOIS

Ne vous y fiez pas, c'est un Marchois.

Ce mot a, dans l'esprit des paysans de la Vallée-Noire des environs de La Châtre, la double signification de Normand et de Gascon. Un jour, sur la place de La Châtre, un blâtier d'Aigurande eut dispute avec un paysan de la Vallée-Noire : « Tu es un filou ! un brigand ! un voleur ! » ne cessait de répéter depuis longtemps le blâtier à son adversaire, en lui montrant le poing. Celui-ci ne sonnait mot et restait impassible à toutes ces injures. « — Tu es un *Marchois !* » s'écria enfin l'Aigurandais. A ces mots, le paysan fit un bond, se rua furieux sur le blâtier et allait lui faire un mauvais parti si on ne se fût hâté de les séparer.

———

SOURCE

LAISNEL DE LA SALLE : *Légendes et Croy. du Centre.*

———

COMTÉ DE NICE

LE COMTÉ DE NICE ET LES NIÇARDS

1

Fi coumo un Niçard.

Rusé comme un Niçard.

2

Lu Nissart emb'ai Provensau soun tougiou estat couma lou can e lou cat.

Les Niçards et les Provençaux ont toujours été comme chien et chat.

ALPES–MARITIMES

3

Cap de Prouvenço.

Tête de la Provence.

Ancien nom de Nice, d'après C. de Nostre–Dame, parce que c'était la dernière ville importante de la Provence du côté de l'Italie.

4

Nizza di Provenza.

Nice en Provence.

Nom italien de Nice pour distinguer cette ville de Nice de Montferrat, en Piémont.

5

Barbarié de Niço.

Barbarie de Nice (c.-à-d. d'Afrique).

Dicton usité jadis.

6

Per coujouna un Ginouves, foù doui Grasseng.

Pour attraper un Génois, il faut deux Grassois.

7

Faire tout al rebès coumo lous courdeliés d'Antibos.

Faire tout à rebours comme les cordeliers d'Antibes.

Cette comparaison proverbiale doit son origine aux cérémo nies pratiquées jadis à la fête des saints Innocents. Lors qu'elle se célébrait chez les cordeliers d'Antibes, les frère coupe-choux, et les marmitons occupaient la place des pères et revêtus d'ornements tournés à l'envers, ils marmottaien quelques prières qu'ils feignaient de lire dans des livres tour nés à l'envers. — Ce dicton est encore populaire dans le Mid

8

Vai tén à-n Antibo.

C'est-à-dire va-t-en au diable.

(Dauphiné.)

9

a) Qu non counoni lei barri d'Antibou, plafoun de
Cagno et lou jardin de Venço, counoni pas ce que li a de
beou din la Prouvenço.

*Qui ne connaît pas les remparts d'Antibes, le plafond de
Cagny et le jardin de Vence ne connaît pas ce qu'il y a de
beau dans la Provence.*

Ce dicton a cours dans une partie de l'arrondissement de
Grasse; il est sujet à certaines variantes dictées par l'amour-
propre local; ainsi les habitants de la Villeneuve–Loubet subs-
tituent aux remparts d'Antibes la tour de leur vieux château.
Au château de Cagny, ancienne résidence des Grimaldi d'Antibes, il y a une très belle fresque du peintre génois Carlone
(XVIIe siècle), qui représente la chute de Phaéton. Le jardin
de Vence, ancienne propriété seigneuriale, est connu dans le
pays sous le nom du Grand-Jardin.

> *b)* Castèu de Cagno,
> Tour de Vilo-Novo,
> Grand jardin de Venço,
> Tres belli causo de Prouvenço.

*Château de Cagny, — tour de Villeneuve, — grand jardin
de Vence, — les trois belles choses de Provence.*

1

Lei neg'évesque.

Les noyeurs d'évêque.

Sobriquet des Antibois. — Au XIIIe siècle, les Antibois
n'auraient plus voulu reconnaître leur évêque, Pontius, qui les
avait abandonnés lors d'une invasion de Sarrazins. Les chro-
niqueurs dirent d'eux : « *Negaverunt episcopum* », d'où on
aurait fait, en provençal, *Lei neg'évesque* ci-dessus.

11

Lei cremo-bouon-Diou.

Les brûleurs de bon Dieu.

Sobriquet des gens de Vence. — Allusion à des scènes de la Révolution.

———

SOURCES

Leroux de Lincy — 7.
Mir : 1.
Mistral — 3, 5, 8, 9 *b*.
Toselli : *Prov. niçois* — 2.

Communications de :
MM. Gaidoz — 4.
P. Sénéquier — 6, 9, 10, 11.

———

MONACO

Son Monaco sopra un scoglio,
Non semino et non raccoglio,
E pur mangiar voglio.

Je suis Monaco sur un écueil, — je ne sème ni ne moissonne, — et pourtant je veux manger.

———

SOURCE

Lentheric : *La Provence maritime*, Plon, 1880, p. 518.

NIVERNAIS ET MORVAN

LES NIVERNAIS ET LES MORVANDAIS

1

Dans le Morvan,
Trois francs le journal de terre et un lièvre dedans.

2

Il ne vient du Morvan
Ni bon vent ni bonnes gens.

Il y a antagonisme entre le Morvan et le pays-bas auquel
appartient ce dicton.

LA NIÈVRE

3

A Nevers,
Tout de travers.

4

Nez creux de Nevers.

5

Li perdrior de Nevers.

Les chasseurs de Nevers.

(XIII° siècle.)

6

C'est les filles de Château-Chinon,
Les petites Morvandelles,
Qui ont vendu leur cotte et cotillon
Pour avoir des dentelles.

7

Prix por prix,
Çâtiau-Ç'gnon vaut ben Paris ;
Maïon por maïon,
Paris vaut pas Çâtiau-Ç'gnon.

*Prix pour prix, — Château-Chinon vaut bien Paris ; —
maison pour maison, — Paris ne vaut pas Château-Chinon.*

8

Les culs jaunes de Bulcy.

Bulcy est un pays de vignerons.

9

Les batteux de lune de Méves.

Ils voulurent pêcher la lune dans une mare.

10

Montapas,
Que tout le monde n'y sait pas.

A cause de l'accès difficile de Montapas.

11

Les patatras de Pouilly.

Le duc de Nevers courant la poste de Paris à Nevers, son
cheval s'abattit dans la ville de Pouilly, sur quoi une vieille
femme lui cria : « Patatras, monsieur de Nevers ! » ce qui le
mit tellement en colère qu'il y envoya des soldats qui déso-
lèrent toute la ville.

12

Comme à Saint-Pierre : aujourd'hui pendu, jugé demain.

Le bailliage royal de Saint-Pierre-le-Moûtier n'avait pas
bonne réputation ; de là le dicton.

13

C'est le partage de Saint-Saulge,
Tout d'un côté, rien de l'autre.

La petite ville de Saint-Saulge est la Béotie nivernaise. On
ferait un volume de toutes les facéties qu'on raconte à son
endroit.

———

SOURCES

CRAPELET : *Proverbes du* XIIIe *siècle.* — 5.
DUPIN : *Le Morvan* — 6.
JAUBERT : *Glossaire du Centre* — 3, 4, 11.
PERRON : *Proverbes de la Franche-Comté* — 1.

Communications de M. Achille MILLIEN : 2, 7, 8, 9, 10, 12, 13.

———

NORMANDIE

LA NORMANDIE ET LES NORMANDS [1]

1

a) Normandie, pays de sapience.

Usité au XVIIe siècle. D'après le *Dictionnaire de Trévoux,* ce sobriquet viendrait de ce que les Normands sont fins et rusés. Leroux, *Dict. comique,* dit qu'on nomme ainsi la Normandie parce que la coutume de ce pays est une des plus sages de France, ou parce que c'est le pays de la fourberie et de la dissimulation, qui est la sagesse des enfants du siècle.

b) Le pays de sapience en Couardois.

Ce terme, qui se trouve dans Noël du Fail, ch. XVII (cf. *Paris en Badaudois*), serait une allusion au peu de courage des Normands.

2

De Normandie, mauvaises gens, mauvais vent.

Cela est exact pour le vent.

---

[1] Les propos médisants sur les Normands ont encore été propagés par un petit livre du colportage, lequel a eu de nombreuses éditions dans notre siècle : *Catéchisme des Normands, composé par un docteur de Paris,* 12 pages in-18. Nous avons sous les yeux une édition de Troyes, 1832. C'est une méchante production où la plaisanterie disparaît par l'exagération même. — Un écrivain normand a tout récemment fait une anthologie du blason de sa province sous ce titre piquant : *Les Normands, la chicane et la potence d'après les dictons populaires,* par Emile Travers, dans le *Bulletin de la société des antiquaires de Normandie.*

Le blason de la Normandie a été fait par M. Canel, qui donne de nombreux détails sur les villes et bourgs ; nous n'en avons reproduit ici, faute de place, qu'un très petit nombre.

3

Normand,
J'y mangerai plutôt ma dernière chemise.

Dans les régiments et dans les ateliers de la plupart de nos
départements, on ne manque jamais d'adresser cette apos-
trophe aux Normands ; elle repose sur la renommée procédu-
rière des Normands. — C'est sans doute un vers provenant
de quelque comédie. Dans les *Plaideurs* de Racine (act. I,
sc. VII), la comtesse s'écrie :

J'y vendrai ma chemise !

4

Li plus enquérant en Normandie ; où alliax ? que qué-
riax ? dont veniax ?

Les plus questionneurs sont en Normandie.

(XIIIᵉ siècle.)

Un manuscrit porte cette variante : « Qui estiaus ? où
aléaus ? dout venéaus ? » Le fabliau du *Segretaire* de Jehan
le Chapelain, poète normand du XIIIᵉ siècle, contient ces vers
qui font allusion au dicton :

Usaiges est en Normandie
Que qui hebergiez est, qu'il die
Fable ou chanson lie à son hôte.

5

a) Un Normand ne dit jamais ni oui ni non, ni vère ni
nennin.

(Haute-Bretagne.)

b) Répondre en Normand.

c) Un Normand a son dit et son dédit.

d) Eun Normand en deûz hé lavar,
Hag en deûz hé zislavar.

Un Normand a son dit — et il a son dédit.

(Basse-Bretagne.)

6

Le Normand tourne autour du bâton, le Gascon saute par dessus.

Le Normand s'entoure de précautions pour éluder la vérité, le Gascon la foule bravement aux pieds. On assure qu'un père disait à son fils : « Suppose que ce bâton soit la vérité ; le Normand tournera autour sans y toucher ; le Gascon s'empressera bien vite de sauter par dessus ».

7

Malebouche, que Dieu maudie,
Eut souldoyers de Normandie.

(Moyen-âge.)

8

Un Normand n'a plus qu'à mourir quand son bras droit se paralyse.

Allusion aux faux témoins qu'on rencontrait, dit-on, facilement en Normandie ; plusieurs dictons de localités sont des sobriquets analogues.

9

Les Normands ont été engendrés d'un renard et d'une chatte.

Les Normands sont rusés et traîtres ; d'après M. Canel, ce proverbe viendrait du fond de la Bretagne.

10

Normands et Bretons, à vendre des chevaux, attrape-
raient le diable.

11

a) Quatre-vingt-dix-neuf pigeons et un Normand font
cent voleurs.

Usité en Champagne ; il y a aussi ailleurs un dicton où les
Bourguignons prennent la place des Normands.

b) 't is een Normand en geen dief, by doet het spreek
woord liegen.

Il est Normand et point larron, il fait mentir le proverbe.
(Hollande.)

12

a) Les Normands naissent avec les doigts crochus.

b) Les Normands ont les mains croches.
(Haute-Bretagne.)

13

En Normandie un père, aussitôt après la naissance de
ses enfants, les jette au plafond de l'appartement, et il
les étrangle s'ils n'ont pas les mains disposées pour s'y
accrocher.

Ce dicton, sous une forme un peu différente, est populaire
en Haute-Bretagne. A Paris et ailleurs, lorsque l'on rencontre
un Normand de connaissance, on se complaît souvent à lui
faire poser la main sur la table. S'il a le malheur de ne pas la
déployer de la manière la plus complète, il doit s'attendre à
de nombreuses plaisanteries, où sont commentés les proverbes
ci-dessus.

14

a) Les prêtres normands font payer l'enterrement en même temps que le baptême, parce que leurs ouailles ont l'habitude de se faire pendre.

b) Les Normands naissent avec un grain de chènevis dans une main, et avec un gland dans l'autre.

Par ces deux dictons, les voisins des Normands ont voulu faire entendre que les Normands étaient souvent pendus. Le chanvre, qui sert à faire la corde des potences, sort du chènevis, et le chêne, qui peut devenir potence, sort du gland.

15

La salade normande.

Le chanvre ; même allusion que ci-dessus.

16

Quelle différence y a-t-il entre le chien breton et le chien normand ?

— C'est que celui-ci regarde en haut et que celui-là regarde en bas.

On aperçoit aisément le Normand au gibet et le Breton ivre-mort dans le fossé.

17

Ut queat l'Anglais,
Resona le Français,
Mira le Gascon,
Famuli le Vallon,
Solve le Flamand,
Le Picard bon enfant,
Pendez le Normand.

(Franche-Comté.)

18

Normands rapaces.

Cet ancien proverbe, cité par A. Canel, est la traduction
d'un passage de la nomenclature des défauts des nations
(*Rapacitas Northmannorum*), mss. du xie siècle. Il s'applique
plutôt aux envahisseurs qu'aux Normands actuels.

19

Normands bouillieux.

C'est-à-dire mangeurs de bouillie. Ce sobriquet était encore
très usité au xviie siècle. Au xvie siècle il était populaire,
Ravisius Textor le cite dans son énumération des choses
impossibles :

Arvernis rapas, Normannis tolle polentam.

20

Chapon de Normandie,
Une croûte de pain dans de la bouillie.

Allusion à l'usage des Normands de se nourrir de bouillie.
Cependant le dicton

Ventre de bouillie
Ne dure qu'une heure et demie,

est très usité dans le pays bas-normand.

21

Normands, mangeurs de pommes.

Allusion aux pommiers ; on disait aussi : « Il s'est donné à
plus de diables qu'il n'y a de pommes en Normandie ».

22

a) Item il faut vivre, comme dit la Coutume de Normandie.

Le premier article de la Coutume de Normandie, c'est :

« Item il faut vivre ». Ce serait une allusion aux grands repas que les Normands font pour honorer leurs hôtes. On dit encore, en manière de plaisanterie, au dessert : « Item il faut vivre ».

b) Suivre la coûtume de Normandie.

Vivre pour manger.

23

a) Adroit comme un prêtre normand.

On a expliqué ce proverbe par une antiphrase : adroit voudrait dire gaucher ; parce que le bréviaire de Normandie fait mémoire de saint Gaucher, prêtre normand ; or gaucher veut dire maladroit. En Bretagne, pour désigner une personne très rusée, on dit :

b) Retors comme un prêtre normand.

    (Ille-et-Vilaine.)

24

Conversation entre deux Normands :

« — Dis donc, Pierre, dors-tu ? — Et si je ne dormais pas, que m'voudrais-tu ? — Je voudrais qu'tu m'prêtes un écu. — Ah ! je dors ».

M. Canel cite un dicton similaire, appliqué aux habitants du bourg de Carrouges, et qui, selon lui, pourrait être aussi bien adressé à toute la Basse-Normandie.

25

Tous les ans à la Dromme
Il faut cheval ou homme.

Ce dicton, tombé en désuétude, faisait allusion au danger que présentait parfois le passage de cette petite rivière du Calvados.

26

A Verneuil, la rivière d'Iton
Dans la Mariette perd son nom.

L'Iton est un affluent de l'Eure ; l'un de ses bras, qui a été détourné pour fournir des eaux à Verneuil, change en effet de nom en se réunissant au ruisseau de Mariette.

27

Le Coesnon, par sa folie,
A mis le Mont en Normandie.

Il s'agit du mont Saint-Michel. Ce dicton, qui remonte au moyen-âge, est encore populaire en Haute-Bretagne.

CALVADOS

28

Caen, ville de sapience.

Ce surnom lui fut vraisemblablement donné à cause de la sapience (*de sapere*) ou savoir de ses habitants. — Ou bien ce nom lui serait-il venu de son université ?

29

Garçons de Caen, filles de Bayeux.

A cause de la beauté de la population mâle en cette ville et aux environs.

30

Judas était Normand,
Tout le monde le dit,

Entre Caen et Rouen
Ce malheureux naquit.
Il vendit son seigneur pour trente marcs comptants,
Au diable soient tous les Normands.

31

Li juréor de Baïeux.

Les gens de Bayeux étaient appelés jureurs, parce qu'on
leur attribuait une grande facilité à prêter serment pour autrui.

(XIIIe siècle.)

32

a) Les lanternes de Falaise.

b) Il est comme les gens de Falaise, il a oublié d'allumer sa lanterne.

(Bretagne et partout.)

Voici, dit M. Canel, la formule sous laquelle on raconte
l'origine de ce sobriquet : « *Ring, zing, guing, ring, zing,
guing, ring, zing, guing* (cela signifie l'appel du tambour).
De la part de M. de la Fresnaye, autînt que le roi, si plus
n'est, on fait assavoir que tout habitînt de Fâlaise ne pourra
sortir sans lînterne, passé neuf heures du soir, sous les peînes
portées par les reglemînts de pôlice. « — Qui vive ? — Bourgeois de Fâlaise ! — Et où qu'est vot'lînterne ? — La réchin !
— Et n'y a pas de chîndelle dedans. — On n'l'a pînt dit ». —
Ring, zing, etc. De la part de M. de la Fresnaye, autînt que
le roi, si plus n'est, on fait assavoir que tout habitînt de
Fâlaise ne pourra sortir sans lînterne, avec une chîndelle dedans, passé neuf heures du soir, sous les peînes portées par
les reglemînts de pôlice. « — Qui vive ? — Bourgeois de
Fâlaise ! — Et où qu'est vot' lînterne ? — La rêchin. — Et la
chîndelle ? — La rêchin. — Mais n'y a pînt d'feu aû bout ? —
On n'l'a pînt dit ». — *Ring, zing,* etc. De la part de M. de
la Fresnaye, autînt que le roi, si plus n'est, on fait assavoir
que tout habitînt de Fâlaise ne pourra sortir sans lînterne,
avec une chîndelle dedans et du feu aû bout, passé neuf

heures du soir, sous les peines portées par les reglemînts de pôlice... ». Cette facétie se débite sous variantes appréciables dans toute la Normandie. On a attribué à Villedieu et à Brives-la-Gaillarde l'aventure des lanternes sans chandelles.

33

Conscrit de Corneville.

Les gens de Pont-Audemer appellent ainsi les femmes qui sont coiffées du bonnet de coton. Jadis, le jour du tirage, les conscrits de Corneville se rendaient à la mairie presque tous coiffés de bonnets de coton.

EURE

34

a) Les vaniteux d'Evreux.

b) Les gens d'Evreux
Tous piaffeux.

En Normandie on se sert généralement du mot piaffeur ou piaffeux pour désigner les personnes qui aiment la toilette, le faste. Ces deux dictons font allusion à la vanité des gens d'Evreux.

35

Les brûleurs d'âne de Criquebeuf.

Au temps jadis les habitants de Criquebeuf, non contents de brûler Mardi-Gras, lui substituèrent un âne qui fût brûlé puis enterré suivant toutes les cérémonies usitées en pareille fête.

36

Les enrazés de Quillebeuf.

Les Quillebois font, dans leur conversation, un usage fréquent du mot enragé ; et comme ils prononcent G comme Z, leurs voisins, pour se moquer d'eux, les ont surnommés les *enrazés*.

MANCHE

37

Avranches le pimpant,
Granville le puant,
Coutances le friand,
Saint-Lô le marchand.

38

a) Cherbourgeois pairs à barons.

b) Les bourgeois de Cherbourg sont pairs à barons.

Jadis les bourgeois de Cherbourg avaient le droit de porter l'épée, et maintenant encore les habitants dédaignent leurs voisins et les *horsains* ou étrangers.

39

a) Li sourcuidié de Coutances.

Les orgueilleux de Coutances.

(XIII° siècle.)

b) Fier comme un Coutançois.

40

Grandville, grand villain,
Quatre maisons et un moulin,
Une sentinelle qui tremble :
Voilà Granville tout ensemble.

L'auteur ajoute à propos de ce dicton ancien : « Granville n'a pas toujours tremblé ; il l'a prouvé par cette belle défense contre les Vendéens qui lui a mérité de s'appeler Granville-la-Victoire ».

41

C'est comme la potence de Villedieu, pour nous et pour les nôtres.

On se sert de ce dicton pour désigner quelque chose qui doit durer longtemps. Jadis les gens de Villedieu firent élever une potence en pierre, d'où ce dicton. On dit en Normandie beaucoup d'histoires facétieuses sur les gens de Villedieu.

ORNE

42

a)   Alençon,
Petite ville, grand renom.

b)   Alençon,
Habit de velours et ventre de son,
Plus de bossus que de maisons.

43

Entre La Flèche et Alençon,
Plus de coquins que de chapons.

44

a) Domfront, ville de malheur,
Arrivé à midi, pendu à une heure.

Ce dicton est très répandu dans tout l'Ouest ; il a plusieurs variantes :

b) Domfront, ville de malheur,
   Arrivé à midi, pendu à une heure,
   Pas seulement le temps de dîner.

c) Domfront, ville de malheur,
   Pris à midi, pendu à une heure.

« — Quoi donc qu'il avait fait ? — Il avait volé un lincou.
— I n'avait fait qu'ça ? — La vaque était au bout ».

On a essayé de trouver l'origine de ce dicton. L'explication
la moins invraisemblable nous paraît celle-ci : « Un chef de
calviniste, pris par le maréchal de Matignon, fut jugé immédiatement comme coupable de rébellion contre le roi. Une
heure après son arrivée dans la ville, Lehéricé allait au sup-
plice. En apercevant de loin la potence, il s'écria douloureu-
sement : « Ah ! Domfront, ville de malheur ; arrivé à midi,
pendu à une heure ! »

45

a)   Mortagne,
       Ville et château sur montagne.

La ville est en effet assise sur un plateau très élevé.

b) Mortagne sur montagne, le plus beau bourg de
France.

SEINE-INFÉRIEURE

46

Li garsilléor de Roam.

Les garcilleurs de Rouen en Normandie.

(XIIIᵉ siècle.)

A Pont-de-l'Arche et à Louviers le peuple dit encore gar-
çaillers pour coureurs de mauvais lieux.

47

a) Les mangeurs de soupe aux porreaux.

b) La soupe aux porreaux.

Ces deux dictons sont surtout fondés sur la manière dont le peuple de Rouen prononce les R ; ceux qui blasonnent les Rouennais, en disant ces phrases, affectent de faire sonner les R.

48

Il avalerait le Havre et la citadelle.

Ce proverbe se dit des grands mangeurs.

49

Les mangeurs d'oreilles de Montivilliers.

Dans une des batailles jadis assez fréquentes entre les Montivillions et les Harfleutais, un Montivillion arracha, avec ses dents l'oreille de son adversaire. Une autre version veut qu'un habitant de Montivilliers ait coupé les oreilles d'un Harfleutais qu'il avait tué, et les ait ensuite mangées.

––––––––––

SOURCES

BRIZEUX — 4 *c.*

CANEL — 2, 3, 5 *b*, 6, 8, 9, 10, 12 *a*, 13, 14, 15, 16, 18, 19, 22 *a*, 25, 26, 28, 29, 32 *a*, 33, 34, 35, 36, 37, 38, 39 *a*, 41, 42 *a*, 44 *a*, 44 *b*, 44 *c*, 45 *a*, 45 *b*, 47 *a*, 47 *b*, 48, 49.

CRAPELET — 4, 31, 39 *a*, 46.

DUEZ : *Dict. holl.* — 11 *b*.

FLEURY : *Littérature orale de la Normandie* — 39 *b*.

KARR : *Au bord de la mer* (*Musée des familles*, 1850-51) — 30.

H. LE GAI — 42 *b*.

LEROUX : *Dict. comique* — 21.

LEROUX DE LINCY — 1 *a*, 22 *b*.

Mélusine — 24.

OUDIN : *Curiosités* — 20

PERRON : *Prov. de la Franche-Comté* — 17.

NOËL DU FAIL — 1 *b*, 3.

Roman de la Rose — 7.

SOUVESTRE : *Derniers paysans*, p. 109 — 43.

Société arch. d'Avranches, 1882, 2ᵉ partie — 40.

Le véritable Sancho Pança — 4 *c*.

TUET — *Matinées senonnaises* — 23 *a*.

Communications de M. Paul SÉBILLOT — 4 *a*, 5 *a*, 11 *a*, 12 *b*, 23 *b*, 27, 32 *b*.

ORLÉANAIS

L'ORLÉANAIS ET LES ORLÉANAIS

1

En Beauce, bonne terre et mauvais chemins.

2

a) Les Solognots sots à demi
Qui se trompent à leur profit.

b) Niais de Sologne qui se trompe à son profit.
(Centre.)

3

Gentilhomme de Beauce,
Il est au lit quand on refait ses chausses.

4

a) Gentilhomme de Beauce, qui vend son chien pour avoir du pain.

b) Il est gentilhomme de Beauce, il déjeûne de bâiller.

5

C'est comme messieurs de la Biausse, une épée pour trois.

On connaît les plaisanteries de Coquillart et de Rabelais sur la pauvreté des gentilshommes de la Beauce.

6

La grande forest d'Orléans,
Est mer qui est dedans.

EURE-ET-LOIR

7

a) Li cler Nostre-Dame de Chartres.

Le clergé de Notre-Dame de Chartres a toujours été cité pour la régularité et la pompe avec laquelle il officiait.

b) Li seigneur de Nostre-Dame de Chartres.

(XIII⁰ siècle.)

8

Le chanoine de Chartre
Peut jouer aux detz et aux cartes.

(XVIᵉ siècle.)

9

Chartrain
Vilain.

10

Gourmand comme un Chartrain.

On a attribué aux Chartrains ce proverbe : « Quand on veut
manger une bonne dinde, il suffit d'être deux, soi et la
ville ».

11

Chartres sans pain,
Orléans sans vin,
Paris sans science,
Adieu la France !

12

Il est de Châteaudun, il entend à demi-mot.

LOIRET

13

Les chiens d'Orléans.

Le surnom des chiens d'Orléans viendrait de leur sagacité et de leur vigilance.

> Demain vous conviendra avoir
> Ce bouloart, sans plus atendre...
> Pour le brusler et le meetre en cendre
> En despit des chiens d'Orléans.

D'après une citation de Mathieu Paris, que Leroux de Lincy a reproduite, ce dicton, loin d'être honorable, viendrait de ce que, dans une rixe, les pastoureaux ayant tué plusieurs personnes et même des membres du clergé, furent approuvés pour ainsi dire par les Orléanais, d'où ils méritèrent d'être appelés chiens.

14

Camus d'Orliens.

Les camus d'Orléans.

(XIII⁰ siècle.)

15

Les guêpins d'Orléans.

D. Pelluche, dans ses *Lettres au Mercure de France* (1732), tire ce sobriquet du mot guêpe, et dit que les habitants d'Orléans le méritèrent à cause de leur esprit railleur. Cette explication est confirmée par un passage des *Mémoires de la Ligue :* « Le naturel des guespins, j'en prends Orléans pour exemple, est d'être hagard, noiseux et mutin ».

16

Les bossus d'Orléans.

On sait que les bossus sont renommés pour leur esprit caustique.

17

Les danseurs d'Orléans.

Ce dicton s'appliquait surtout aux écoliers de cette ville.

18

C'est la glose d'Orléans, elle est plus difficile que le texte.

(xvie siècle.)

Ce proverbe est plus ancien; il se trouve dans le livre IV, t. VI, des *Institutes* de Pierre de Belle-Perche (xiiie siècle): « *Licet glossa alio modo exponat, glossa Aurelianensis est quæ destruit textum* ».

Le Maire qui, dans son livre sur les *Antiquités d'Orléans*, a cherché l'origine de ce dicton, croit pouvoir l'attribuer à l'esprit railleur des Orléanais. On lit encore dans les *Menus propos*, fin du xve siècle : « On dit volontiers que la glose d'Orléans se détruit par le texte ».

19

Les chats de Beaugency.

La tradition rapporte que ce sobriquet remonte à un pont difficile à construire que le diable fit à condition que l'architecte lui donnerait la première âme qui passerait sur le pont. L'architecte y fit passer un chat, qui déchira le visage du diable et finit par lui échapper. Il n'est guère de province où l'on ne trouve une légende analogue.

20

Les ânes de Meung.

LOIR-ET-CHER

21

Li péletiers de Blois.

Au moyen-âge, Blois était renommé pour son commerce de pelleterie.

(xiiie siècle.)

22

Les chèvres de Blois.

Sobriquet donné aux femmes de cette ville.

23

Lune de Blois.

Locution qui semble donner à penser aux gens simples que
la lune est en cette ville plus grande qu'ailleurs. On dit d'une
personne à la face pleine et arrondie : « C'est une lune de
Blois ».

24

Se lever dès la Fert'imbault.

C'est-à-dire de bon matin. Les anciens comtes d'Anjou, seigneurs de Mézières, l'étaient en même temps de la Ferté-
Imbault. Quand ils allaient à cette dernière résidence avec
toute leur maison, comme les chemins étaient mauvais, on s'y
préparait dès la veille et on partait de bon matin, d'où ce
dicton.

————

SOURCES

CRAPELET — 7, 14, 15, 21.

FOURTIER : *Dictons de Seine-et-Marne* — 19.

HILAIRE LE GAI — 4 *b*.

Intermédiaire, II, 330 — 13 ; — I, 355 — 20.

JAUBERT — 2 *b*, 24.

LEROUX : *Dict. comique* — 3 *a*.

LEROUX DE LINCY — 1, 2 *a*, 3, 6, 8, 12, 16, 17, 18, 22, 23.

Mélusine — 11.

Musée des familles, 1848-49, p. 371 — 10.

OUDIN — 4 *a*.

PLUQUET — *Contes pop. et prov.* — 5.

Communication de M. E. ROLLAND — 9.

————

POITOU

LE POITOU ET LES POITEVINS

1

Li meillor sailleor en Poitou.

Les meilleurs sauteurs ou danseurs sont en Poitou.
(XIII° siècle.)

2

Li meillor caussier en Poitou.

Les meilleurs fabricants de chausses sont en Poitou.
(XIII° siècle.)

3

Vai en Puètou ferra de cavalos avuglos.
Va en Poitou ferrer des chevaux aveugles.

C.-à-d. va-t-en au diable.
(Gard.)

DEUX-SÈVRES

4

Prendre le chemin de Niort.

C.-à-d. nier : Calembour. Cette expression n'est plus guère usitée que dans l'argot des voleurs.

5

A Niort qui veut aller,
Faut qu'il soit sage à parler.

(xviie siècle.)

6

C'est la fille de Niort, malheureuse en beauté.

Ce dicton résulte d'une réputation de laideur, justifiée ou
non, dont on trouve l'écho jusque dans les écrits du préfet
Dupin.

7

Raide comme la mariée de Benet.

Se dit d'une femme qui se tient très droite. Autre allusion
inexplicable aujourd'hui.

8

Comme la mariée de Chambreteau, qui est restée toute
apprêtée à attendre son galant.

Allusion à une histoire locale aujourd'hui oubliée.

9

Dans la vallée de Fontbrune
On ne voit ni soleil ni lune.

Cette vallée est très encaissée.

10

Qui voit la Mothe
En est proche,
Qui voit Saint-Maxent
N'est pas dedans.

Il s'agit de la Mothe-Saint-Héraye.

BLASON.   17

11

Dans la vallée de Montbrune,
Cent lieues au delà de la lune.

Cette vallée passait pour un rendez-vous de sabbat.

12

Les moutardiers du pape.

Sobriquet des gens de Saint-Maixent. On raconte à ce sujet
que jadis les Saint-Maixentais envoyaient chaque année deux
pots de moutarde au pape dans des vases d'argent ; une année
les vases ne revinrent plus et le tribut cessa, mais non le
sobriquet.

Les habitants de Saint-Maixent passent, certainement à tort,
pour les Béotiens du Poitou ; il court sur eux des contes qui
leur attribuent une forte dose de simplicité. On assure qu'ils
firent graver sur une porte de ville : « Cette porte a été faite
ici ». Sur les bancs de leurs promenades : « Bancs pour
s'asseoir », etc.

La liste des gestes des « moutardiers » serait longue,
d'autant qu'il semblerait qu'on la grossit de génération en
génération.

Les Saint-Maixentais, jaloux du clocher de Niort, mettent
du fumier auprès du leur pour le faire pousser, et comme le
fumier se tassait, ils croient que leur tour s'élève.

Une autre fois ils attachent à la flèche de Niort une aiguillée
(sic) de laine, et se mettent à tirer dessus ; comme elle s'allongeait, ils tirèrent avec une nouvelle ardeur, alors elle se
cassa et ils tombèrent tous sur le derrière.

Les Saint-Maixentais voulurent monter au ciel en entassant
des barriques les unes sur les autres. Celui qui était sur le
haut de cette nouvelle Babel s'écria qu'il ne fallait plus qu'un
fût pour toucher le ciel ; malheureusement, tous les tonneaux
du pays étaient employés ; les Saint-Maixentais ne trouvèrent
d'autre moyen que de retirer de dessous l'échafaudage la première barrique.

Il était venu de l'herbe sur le clocher de Saint-Maixent ; le
gazon, arraché soigneusement, n'en repoussait pas moins à
chaque printemps. Quelqu'un proposa de faire monter une
vache qui mangerait toute l'herbe. On passa un nœud coulant
autour du cou de la vache et elle fut hissée, non sans peine,

au haut de la tour. Malheureusement, on s'aperçut alors qu'elle était étranglée.

Les habitants de Saint-Maixent firent construire un magasin dans lequel un habile mécanicien dressa une magnifique pompe. La ville en était très fière, tout le monde venait la voir. Mais, au premier incendie, on ne put s'en servir parce que la porte était trop étroite pour la faire passer.

Une autre fois ils avaient acheté une horloge, mais ils ne savaient où placer le cadran, dans la crainte qu'il ne fût détérioré par la pluie ; un conseiller municipal proposa de le mettre en dedans, mais un autre ayant fait observer qu'on ne pourrait voir l'heure, on convint de le placer au dehors en le recouvrant d'une caisse de bois.

Un boucher de Niort qui passait par Saint-Maixent trouva la procession arrêtée à la porte Châlon, parce que la croix ne pouvait y passer ; elle y était depuis longtemps, et y serait peut-être restée si le Niortais n'avait montré que pour la faire passer il suffisait d'incliner la croix.

VENDÉE

13

Pour Fontenay, en route savetiers ! y seront vos enfants nobles et glorieux comme barons et premiers échevins.

C'était la réplique des Niortais aux Fontenaisiens. En passant près des plus huppés de la ville de Fontenay, les Niortais se bouchaient le nez, de crainte de l'odeur du cuir, qu'à la vérité ils sentaient autant qu'eux.

14

Mettre deux hommes sur trois rangs, comme à la Copechagnères.

15

Catholiques de Monchamp.

C'est un dicton ironique ; c'est en effet dans ce pays qu'on trouve le plus de protestants.

16

Aller à Petosse où l'on ferre les chats.

17

Envoyer quelqu'un à Triaize, le pays des ânes.

Parce qu'on y élève des ânes.

VIENNE

18

Li mangéor de Poitiers.

Les grands mangeurs de Poitiers.

(xiii° siècle.)

19

Li flusteux ou joueux de peaulme de Poitiers.

Chassaneus cite ce proverbe à propos de l'indiscipline et de la paresse des écoliers du moyen-âge.

(xvi° siècle.)

20

Ne se faut esbaher s'il y a université de lois à Poictiers, veu qu'il y a tant d'asnes.

(xvi° siècle.)

21

Finesses de Croutelles.

On dit encore aujourd'hui d'une malice facile à deviner qu' « elle est cousue de fil blanc comme les finesses de Croutelles ». Croutelles est un village des environs de Poitiers, sur la route de Bordeaux ; les auteurs du XVIe siècle, et parmi eux Noël du Fail, ont parlé des finesses de Croutelles.

22

Tous les ânes du Mirebalais crèveraient que je n'hériterais pas seulement d'une têtière.

C'est-à-dire je n'hérite jamais.

23

Les ânes de Mirebeau.

Les habitants de cette petite ville ont été souvent blasonnés par ce sobriquet ; mais parfois ils ont su mettre les rieurs de leur côté : « Un jour trois voyageurs aperçoivent une vieille qui filait sur sa porte, ils lui demandent s'ils ne sont pas dans le pays des ânes. — Oui, messieurs, répond-elle, mais il en passe plus qu'il n'en reste. »

SOURCES

CRAPELET — 1, 2, 18.

DESAIVRE : *Croyances*, Niort, 1881, in-8o — 6, 7, 8, 9, 10.

FILLON : *Poitou et Vendée*, p. 38 — 13.

LEROUX DE LINCY — 5, 17, 19, 20.

NOËL DU FAIL — 4.

ROLLAND : *Faune populaire* — 3.

SOUCHÉ : *Croyances*, etc., Niort, 1880 — 22.

SOUVESTRE : *Derniers paysans* — 15.

Communications de :

MM. Léo DESAIVRE — 11, 12, 21, 23.

    X..., de Niort — 12.

    A. SIRAUDEAU — 14, 15, 16.

PICARDIE

LA PICARDIE ET LES PICARDS

1

Mandé an Picardie.

Envoyer en Picardie.

C.-à-d. condamner à être pendu, faire pendre.

(Proverbe Piémontais.)

2

a) Un bon Picard.

On dit un bon Picard pour dire un homme droit, tout rond et qui n'entend point finesse.

b) Franc comme un Picard.

Cette appellation est connue dans toute la France. Les soldats ne se désignent jamais autrement entre eux. Un almanach picard porte pour titre : *Le Franc-Picard.*

3

a) Les Picards ont la tête chaude.

Un bon curé champenois du xıv° siècle inséra dans son livre d'église ces deux vers léonins sur les Picards :

Isti Picardi non sunt ad prælia tardi,
Primo sunt hardi, sed sunt in fine coardi.

b) Un Picard a la tête près du bonnet.

c) Abé la testo caudo coumo un Picard.

4

Tête et fête de Picard.

Ce dicton résume les deux défauts qu'on reproche aux Picards : l'emportement et l'amour de la table.

5

Picard, ta maison brûle! — Fuche! j'ai l'clef dins m'poke.

On veut, par la citation de ce dialogue, ridiculiser la naïveté prétendue des Picards.

6

Pour retrouver leurs maîtres, les chiens normands regardent en haut et les chiens picards regardent en bas.

Parce que les Normands méritent souvent d'être pendus et que les Picards sont quelquefois couchés ivres-morts.

7

Tout bon Picard se ravise.

8

Pitié de Lombard,
Labour de Picart,
Humilité de Normand,
Patienche d'Allemand,
Larghece de François,
Loyauté d'Anglois,
Devocion de Bourguignon,
Ces huit coses ne valent pas un bouchon.

(Dicton du moyen-âge.)

SOMME

9

Li damoisel d'Amiens.

Les gentilshommes d'Amiens.

(xiiie siècle.)

On appeloit ordinairement ainsi les jeunes gentilshommes qui n'étoient pas encore chevaliers.

10

Il est laid comme les vieux saints d'Amiens.

Par allusion aux statuettes en nombre infini représentant les scènes de l'Ancien et du Nouveau Testament qui ornent le portail et surtout l'intérieur de la cathédrale d'Amiens. Ces personnages bibliques, ces saints, ces saintes et ces anges ont généralement des traits grossiers et naïfs qui ont motivé le proverbe.

11

Saint-Germain coucou,
Ch'est l'paroissi d'chés fous ;
Saint-Jacques,
Paroissi ed'chès braques.

Les enfants du quartier Saint-Germain répètent ce dicton, la veille de la fête de leur patron, en sollicitant de porte en porte quelques menues monnaies pour faire un régal. Le lendemain ils placent dans l'église une bouteille et une couronne de coucous (primevères jaunes). La tradition populaire raconte que les paroissiens, trouvant que leur église serait mieux placée au milieu du Marché aux Herbes, se mirent à la pousser à force de bras. Comme le terrain était humide le long du mur, ils glissèrent en arrière, et crurent que l'église avançait. On raconte la même anecdote sur les habitants de Rue.

12

Les Bacouais d'Amiens.

Bacouais est un terme qui indique la mimerie. Ce sobriquet date de l'époque où la ville d'Amiens se laissa prendre par les Espagnols, grâce à quelques sacs de noix.

13

> Amiens,
> Traite aux siens,
> Tout che qui n'ein vient
> Ne veut jamoès rien.

14

a)   Amiénois,
    Maingeux de noix.

b) Amiens, Aménois,
    Ous'o pour des noix.

Allusion à la prise de la ville par les Espagnols, grâce à des sacs de noix habilement répandus sous une des portes de la ville.

15

> Geins d'Abbeville,
> Têtes d'ainguille.

16

Les promeneurs de Montdidier.

17

Les gourmets ou les gourmands de Montdidier.

18

Péronne la pucelle.

Parce qu'elle fut longtemps imprenable.

19

Les ivrognes de Péronne.

20

Les cos de Billancourt.

D'après la tradition locale, voici l'origine de ce dicton. Une femme de Billancourt faisait cuire une omelette, un chat noir qui se trouvait dans le coin de la cheminée dit tout à coup : « Elle est cuite, il faut la retourner ». La bonne femme effrayée lui jeta l'omelette brûlante sur la tête. Le lendemain, elle rencontra dans le village un de ses voisins qui passait pour sorcier et avait la figure brûlée. Elle reconnut en lui le *co* (chat) de la veille.

21

Les beudets de Flesselles.

Ce dicton proviendrait de ce que les habitants auraient laissé un âne boire dans leur bénitier. On raconte aussi qu'un des habitants de ce village chargea son baudet de lattes dont on fait un grand commerce à Flesselles ; mais il les mit en travers au lieu de les placer en long, de sorte que l'âne ne put entrer par la porte de la ville d'Amiens. Le villageois revint chez lui et raconta que les portes d'Amiens étaient trop étroites et qu'il n'y avait pas moyen de passer.

22

Les sots de Ham.

Ham, à l'exemple de presque toutes les villes de France, avait une compagnie de fous ou de sots. Le chef prenait le nom de prince des sots. Ces fous montaient sur un âne, tenant la queue en guise de bride. On ne pouvait faire de folies sans la permission du prince, sous peine d'amende. La petite-fille du dernier prince était encore vivante en 1735, et on l'appelait la *princesse*. La fête a cessé devant le zèle de missionnaires.

23

A Ham il y a une femme de fer.

Une tradition populaire raconte qu'une femme de fer faisait toutes les nuits une promenade sur les remparts de l'abbaye.

24

> Hin,
> Sans s'ch' catieu, s'n' abbaye,
> Hin,
> N'seroit que du brin.

25

O n'o qu'o aller à Vignancourt pour trouver un faux témoin.

26

> Warloy-Baillon,
> Boen poys sins raison.

27

> Vignacourt, Warloy, Baisieux,
> Ch'est trois fosses à voleux.

28

> Warloy,
> Bon pays, mauvaises lois.

On reproche au peuple de Warloy-Baillon d'être querelleur et enclin au vol. Comme on ne payait autrefois en cette commune aucun droit pour les boissons, la plupart des habitants se battaient entre eux après avoir bu avec excès.

SOURCES

Annales de la Soc. des lettres des Alpes-Maritimes, IV, 1877, p. 121 — 1.

CORBLET — *Dict. du patois picard* — 2 *b*, 4, 5, 6, 7, 11, 12, 16, 17, 18, 20, 21, 23, 24, 28.

CRAPELET — 8, 9, 22.

DESPÉRIERS — 3 *b*.

LEROUX DE LINCY — 2 *a*.

Mercure de France, mai 1735 — 19.

REIMBAULT : *Almanach franc-picard*, 7e année — 13, 14 *a*, 15, 25.

Le véritable Sancho Pança — 3 *a*.

Communications de M. H. CARNOY : 10, 14 *b*.

PROVENCE

LA PROVENCE ET LES PROVENÇAUX

1

Lauso la Franço e demoro en Prouvenço.

Louez la France et demeurez en Provence.

2

La Prouvenço es un peïs de Diou : qu li ven li viou.

La Provence est un pays de Dieu : qui y vient y vit.

3

a) Li plus courtois en Provence.
     (xⅢ* siècle.)

b) Courtès coumo un Proubençal.
     (Languedoc.)

Ce dicton languedocien est donné comme ironique.

4

Fier comme un mulet de Provence.
     (Côte-d'Or.)

5

Li Prouvençau
Soun de brutau.

Les Provençaux — sont des brutaux.

6

Cadet de Prouvença
D'argent es sensa.

Cadet de Provence — est sans argent.

7

a) Trois choses gastent la Provence :
     Le vent, la comtesse et la Durance.

Les Provençaux disoient ce proverbe en leur langue sur ce que la comtesse de Tende, femme du gouverneur de ce pays,

qui estoit de la religion reformée, donnoit occasion d'en soup-
çonner son mari aux gens, de guerre. — Les vents, quand
ils s'y mettent, sont horriblement grands, et font beaucoup de
maux au pays aussi bien que la rivière de Durance quand elle
est grosse et débordée. Elle se fait si furieuse et impérieuse
qu'elle fait de grands maux. C'est pourquoi, comme les Provençaux sont très bons catholiques, ils mestoient en paralèlle
les maux des vents, de la comtesse et de la Durance. (Bran-
tôme.)

    b) Tres grand flèou per la Prouvènce :
        Lou Parlamén, lou mistrâou et la Durènce.

    c) Le gouverneur, le parlement et la Durance,
        Ces trois ont gâté la Provence.

    d) Le mistral, le Parlement et la Durance
        Sont les trois fléaux de la Provence.

8

    La ribiero d'Asso,
    Noùn la counouis que qu la passo.

La rivière d'Asse, — ne la connaît qui ne la passe.

    Allusion au gravier de cette rivière qui la rend dangereuse
à passer à sec. L'Asse est un affluent de la Durance.

BASSES-ALPES

9

    Insolence d'Arles,
    Rébellion de Marseille,
    Abomination d'Avignon,
    Moquerie de Digne.

10

Charrin de Forcalquier.

Hargneux de Forcalquier.

11

Si Destourbo ero de pan, lou roc de froumaï et Verdoun de vin, Castellano la vaillanțo n'aùrie pas de fin.

Si Destourbe était de pain, le roc de fromage et Verdon de vin, Castellane la vaillante n'aurait pas de fin.

Destourbe est une montagne, à l'est de la ville, qui, en hiver, *détourne* (en prov. *destourbo*) jusqu'à midi les rayons du soleil, d'où son nom. Le roc, haut de 50 mètres environ, s'élève tout auprès de la ville et, comme un pilier colossal, supporte la chapelle dite de N.-D. du Roc. — La rivière du Verdon, affluent de la Durance, coule au pied de ce magnifique rocher. — La ville s'est décorée du surnom de *la vaillante* depuis l'attaque de Lesdiguières qu'elle repoussa en 1586.

BOUCHES-DU-RHONE

12

Si Paris avait une Canebière, ce serait un petit Marseille.

13

Ome d'Ais, femo de Marsiho.

Homme d'Aix, femme de Marseille.

14

Marséyès coucoureou, mânje la car et lâisse la pèou.

Le Marseillais est un nigaud, qui mange la chair et laisse la peau.

15

Li festié.

Les coureurs de fêtes.

Sobriquet des Marseillais.

16

a) Te douneray la courso d'ayci en Arles, las sabates à la man.

b) Te dounarai lou courre d'eici à-n-Arles, einè li sabato à la man.

C'est une promesse qu'on fait par raillerie ; l'ancien chemin d'Aix à Arles par la Crau était très caillouteux.

17

C'est un oiseau qui vole ou une fille d'Arles qui danse.

(Ancien proverbe.)

18

Biél coumo las arenos d'Arles.

Vieux comme les arênes d'Arles.

19

Arle pèr li filho, Tarascoun pèr li garcoun.

Arles pour les filles, Tarascon pour les garçons.

20

Arle lou grand,
Nimes lou commerçant.

Arles le grand, — Nîmes le commerçant.

21

Lei empesto-narro d'Arles.

Les orgueilleux d'Arles.

« L'insolence et fierté des Arrelasiens », dit Jean de Nostre-
Dame.

22

Arle en France.

Cela se disait quelquefois avant 1789, parce que cette ville,
en sa qualité de *terre adjacente*, affectait d'être indépendante
du reste de la Provence.

23

Arle lou blanc.

C'était un dicton usité au moyen-âge. « A Lyon, nous nous
embarquasmes sur le Rhosne pour aller à Arles-le-Blanc. »

24

Bourbounés.

Sobriquet que les Provençaux donnèrent aux habitants d'Aix
en 1524, à cause de la facilité avec laquelle ils ouvrirent leurs
portes au cardinal de Bourbon.

25

Li cadé d'Ais.

Cette ville étant autrefois le séjour de la noblesse de Provence, fournissait beaucoup de cadets de famille, à tel point
que le mot est resté aux Aixois en sobriquet. On appelle aussi
un *cadet d'Aix*, un poseur, un affronteur, qui s'amuse aux dépens des autres.

26

De gent d'Ais
Fagues pas fais,

De Marsiho gaire mai,
E de Touloun
Ni pau ni proun.

Sur les gens d'Aix — ne fais pas grand fond, — guère plus sur ceux de Marseille, — mais à ceux de Toulon — ne te fie ni peu ni beaucoup (ni peu ni prou).

27

a) Entre Beucaire et Tarascon
N'ia ny fede ny mouton.

Entre Beaucaire et Tarascon — ne paît ni brebis ni mouton.

b) Entre Beù-Caire e Tarascoun
Noun se pais fedo ni moutoun.

28

— Ounte anas? — A Beù-Caire !
— D'ounte venès? — De... Beu...caire.

Où vas-tu ? — A Beaucaire ! — D'où viens-tu ? — De... Beau...caire.

Dicton exprimant la fatigue de ceux qui viennent de cette ville.

29

Faire li conse (les consuls) de Beù-Caire, bèn boufa eme empli si pôchi.

Faire comme les consuls de Beaucaire, bien manger et emplir ses poches.

30

Jeù sieù d'Auruou, m'en trùfi.

Un curé de Roquevaire voulant un jour effrayer ses paroissiens sur les conséquences de leur vie peu chrétienne, leur
cria du haut de la chaire : « Roco-Vairen, sarès toute dana ! »
Un habitant d'Auriol qui se trouvait au sermon riposta en
disant : « Je suis d'Auriol, je m'en moque. »

31

Lis embourigo de bos.

Les nombrils de bois.

Sobriquet des gens de Graveson, parce qu'on prétend que
leurs nombrils, accrochés dès leur naissance au clocher go-
thique de leur paroisse, sont remplacés par des nombrils de
bois.

32

Nigaud des Martigues.

Allusion aux contes où les Martegots sont mis en scène.

VAR

33

La chambriero de Touloun
Escoubo lou mitan e laisso li cantoun.

*La chambrière de Toulon — balaie les coins et laisse les
côtés.*

34

Quand Coudoun pren soun capeù

Et Cicié soun manteù,
Pos t'encourre, ploura leù.

Quand Coudoun prend son chapeau — et Cicié son manteau, — tu peux fuir il pleuvra tôt.

Ces deux montagnes sont voisines de Toulon.

35

Lei enfant de Bargemoun
Delica e groumandoun.

Les enfants de Bargemon — délicats et gourmands.

36

Li mangè-bardoto de Bargemoun.

Les mangeurs d'âne de Bargemon.

37

Se metre à taulo au soù,
A la modo de Barjoù.

Se mettre à table au soleil, — comme les gens de Bayôls.

38

Lei brulo-femo dé Cuers.

Les brûleurs de femmes de Cuer.

———

SOURCES

Achard : *Dict. provençal* — 14.
Armana prouvençau, 1874 — 13.
Barjavel — 7 *b*, 30, 32.
Crapelet — 3 *a*.

Honnorat — 6, 10.

Inventaire alphabétique — 16 *a*, 27 *a*.

Leroux de Lincy — 7 *a*, 7 *b*.

Mir — 3 *b*, 18.

Mistral — 5, 8, 15, 16 *b*, 17, 19, 20, 21, 22, 23, 37.

Nostradamus — 9, 24, 25, 26, 27 *b*, 28, 29, 31, 33, 34, 35, 36, 38.

Rolland : *Faune populaire* — 4.

Communications de :

MM. P. Sénéquier — 2, 11.
     Paul Sébillot — 12.

ROUSSILLON

PYRÉNÉES ORIENTALES

1

Grañutès (pr. gragnoutès).

Les grenouillards.

Surnom que les montagnards donnent aux habitants de la plaine en général, et à ceux d'Argelès-sur-Mer en particulier.

2

Les oreillouts.

Les oreillards.

Surnom des Banyulencs ou habitants de Banyuls.

3

Oi di Dieu !

Les O mon Dieu !

C'est ainsi qu'on appelle les Colliourencs, habitants de
Collioure, à cause d'une de leurs exclamations favorites.

———

Communications de M. Ludovic MARTINET — 1, 2, 3.

———

SAINTONGE

LA SAINTONGE ET LES SAINTONGEOIS

1

Si la France estoit un œuf,
Saintonge en seroit le moyeuf.

(xvi⁰ siècle.)

2

Les ventres rouges.

C'est le surnom donné aux Saintongeois par les Poitevins.
« Il y a soixante ou soixante-dix ans, les Saintongeois, allant
aux foires en Angoumois ou en Poitou, s'annonçaient de loin

par la couleur voyante de leurs gilets descendant jusqu'à la moitié du ventre. Voici les ventres rouges, disait-on. Selon Bourignon, ce surnom leur vient de la prédilection qu'ils montrèrent en tout temps pour le rouge. »

CHARENTE-INFÉRIEURE

3

a) Cheval chargé de maigre, il revient de La Rochelle.

On dit cela d'un cheval qui n'est pas gras, par allusion à un poisson qui est commun à La Rochelle, qu'on appelle Maigre, et aussi à cause de la disette qu'on avait soufferte à ce siège.

b) Venir de La Rochelle.

C'est une manière de parler ironique pour exprimer qu'une personne est maigre.

4

Porter du sel à Brouage.

Ce dicton était populaire au commencement du XVIIᵉ siècle comme le constate ce vers de Regnier :

Que mal instruit je porte en Brouage du sel.

———

SOURCES

LEROUX DE LINCY — 1.
LEROUX : *Dict. com.* — 3 *a*, 3 *b*.
REGNIER : *Satires*, IV — 4.
Revue des langues romanes, VIII, 133 — 2.

SAVOIE

LA SAVOIE ET LES SAVOYARDS

1

Chapaire de rabets coumo un Sabouiard.

Voleur de raves comme un Savoyard.

(Languedoc.)

2

Savoyard piqua la rava,
La rava n'a rin valu,
Savoyard a été pendu.

C'était à l'époque où on pendait pour vol. Les Savoyards passaient autrefois pour être de grands mangeurs de raves.

(Bresse.)

3

Ut comedant rapas surgunt de nocte Sabaudi.

Les écoliers du xvie siècle répétaient ce dicton, où ils prétendaient que les Savoyards aimaient tant les raves que la nuit ils se levaient pour en manger.

4

Savonyor la rova,
Que n'a gnuet cœur, gnuet oma,
Gnuet ventre, gnuet boudsin,
Souvonyor lou grand couquin.

*Savoyard la rave, — qui n'a ni cœur ni âme, — ni ventre
ni sang, — savoyard le grand coquin.*

(Bourgogne.)

5

Jaimâ Saivoyâ,
Brisè de Mâ,
Chevri d'aivri,
N'aimenant l'aibondance au pays.

(Franche-Comté.)

———

SOURCES

Clément-Janin : *Sobriquets de la Côte-d'Or* — 4.
Crapelet — 3.
Mir — 1.
Perron — 5.

Communication de M. A. Vingtrinier — 2.

———

TOURAINE

LA TOURAINE ET LES TOURANGEAUX

1

Ly vins de Chinon, la prée de Creuse, ly trafique de Tors, soldiers de Loches, renom de Touraine.

(Dicton du moyen-âge.)

2

Mou comme un Tourangeau.

3

Des Tourangeaux, Angevins,
Bons fruits, bons esprits, petits vins.

4

La Tourangeoise propre en cotte et plus en son cuir.

INDRE-ET-LOIRE

5

Li povre orgueillox de Tor.

Les pauvres orgueilleux de Tours.

(XIIe siècle)

Ce dicton s'applique aux religieux des différents ordres mendiants qu'on trouvait en grand nombre à Tours

6

Li chanoine de Saint-Martin de Tours.

(xiiie siècle.)

7

Les rieurs de Tours.

Ancien surnom des habitants de cette ville.

8

Quand une femme de Tours met quelque chose en sa teste, les notaires y ont passé.

(xvie siècle.)

9

a) Chasteau de Chinon,
Petite ville et grand renom.

b) Chinon, deux ou trois fois Chinon.
Petite ville, grand renom,
Assise sur pierre ancienne,
Au haut le bois, au pied la Vienne.

Rabelais fait précéder ce quatrain des mots suivants : « Ne fai doubte aulcune que Chinon ne soit ville antique, son blason l'atteste auquel est dict : »

10

a) Cela fut dit à Loches.

Ce proverbe, qui se dit à propos d'une vieille histoire qu'on entend raconter, fait allusion au séjour que la cour de France fit dans cette ville pendant le règne de Louis XI.

b) Cela fut joué à Loches.

On le dit quand quelqu'un fait un conte qui passe pour vieux.

11

Quand on fait une forte glose
Vandosme est prise pour Amboyse.

(xvi⁰ siècle.)

12

Vous soyez le bienvenu comme en votre maison de l'île Bouchard.

Se dit quand on reçoit quelqu'un à la campagne.

13

a) Entre Cande et Montsoreau,
Il n'y pait ne vaches ne vaux.

b) Je vous édifierai une belle grande petite chapelle ou deux entre Quande et Monssoreau, et n'y paistra ne vache ne veau.

14

De quelque côté que vient le vent,
Marmoutier argent content (comptant).

SOURCES

Crapelet — 5, 6.
Hilaire le Gai — 14.

Intermédiaire, I, 164 — 13 *a*.

JORDAN : *Voyages historiques de l'Europe,* Paris, 1695, t. I,
    p. 146 — 7.

LEGRAND D'AUSSY : *Mercure galant,* 1733-34 — 1.

LEROUX DE LINCY — 3, 4, 8, 9 *a*, 10 *a*, 11.

LEROUX : *Dict. comique* : 10 *b*, 12.

Musée des familles, 1848-49, p. 371 — 2.

RABELAIS, V, 35, IV, 19 — 9 *b*, 13 *b*.

———

———

QUATRIÈME PARTIE

LES FRANCES EXTÉRIEURES

LES FRANCES EXTERIEURES

BELGIQUE

LA BELGIQUE ET LES BELGES

1

Belge comme une oie.

Plaisanterie amenée par calembour, pour « bête comme une oie ».

2

Gagassi.

Surnom donné aux ouvriers de Liège amenés à Tulle, par imitation de leur baragouin.

(Bas-Limousin.)

PROVINCES

ANVERS

3

Gand la grande, Anvers la riche.

4

Les signors.

Surnom des Anversois, datant de la domination espagnole.

5

Electeur de Brecht.

On désigne ainsi un individu qui ne sait ce qu'il fait.

6

Les éteigneurs de lune.

Les habitants de Malines prirent jadis un clair de lune pour un incendie, d'où ce sobriquet.

7

Avoir pignon sur rue habitans de Maligne.

(xvie siècle.)

8

Ressembler au chien de Jean de Nivelles
Qui s'enfuit quand on l'appelle.

Le dicton :

Il fait comme le chien de Nivelles
Qui s'enfuit quand on l'appelle

repose sur une erreur des Français. C'est à Nevele, bourg de
la Flandre, à cinq ou six lieues de Gand, et non pas à Nivelles que se trouve le château baronial qui a appartenu à
Jean de Montmorency.

9

a) Vous êtes de Schaerbeek, votre fête tombe huit jours
avant Pâques.

C'était ainsi que le jour des Rameaux les gamins de
Bruxelles s'apostrophaient jadis : Schaerbeek est un pays
renommé pour ses ânes.

b) Un habitant de Schaerbeek.

Cette locution s'emploie dans le vulgaire pour désigner
un âne.

10

Un naturel de Steenockerseel.

Un rustre.

11

Les ragalettes de Wavre.

Cancaniers et bavards comme des lavandières.

BRABANT

12

Bruxelles la belle.

13

Les mangeurs de poulets.

Sobriquet des habitants de Bruxelles.

14

Un « ketje » de Bruxelles.

Ketje en mauvais flamand veut dire gamin ; c'est ainsi que dans le bas peuple on désigne les Bruxellois.

FLANDRE OCCIDENTALE

15

Bruges, la ville aux belles femmes.

On disait au moyen-âge : « *Formosis Bruga puellis.* »

16

Les fous de Bruges.

17

Revenir de Poperingue.

Equivaut à notre « Revenir de Pontoise » ; tomber des nues.

FLANDRE ORIENTALE

18

Les pendus.

En souvenir des bons procédés de Charles-Quint à l'égard de ses compatriotes les Gantois.

HAINAUT

19

Les géants d'Ath.

Allusion à la procession traditionnelle de cette ville.

20

Les Gilles de Binche.

La ville de Binche est célèbre par son carnaval. Le Gille de Binche est une sorte de masque particulier à cette ville, d'où le surnom donné aux habitants.

21

Il est de Stramburges.

C'est un fou.

22

Il est en la halle de Gerpinnes.

Se dit d'un homme dont la maison est comblée de biens.

23

Buriers de Tournay.

Marchands de beurre de Tournay.

(XIII siècle.)

24

Tournai la ville aux choncq (cinq) clochiers.

25

Les Tournaisíens sont là.

Cela s'emploie pour dire qu'une réunion offre de l'entrain.
— Les Tournaisiens sont les Gascons de la Belgique : on
dit : « *Blagueur comme un Tournaisien* ». Ils racontent d'eux-
mêmes que Napoléon Ier, avant de livrer bataille, demandait
toujours à son état-major : « Est-ce que mes Tournaisiens
sont là ? — Oui, sire, on pou c'minchi ! »

PROVINCE DE LIÈGE

26

Li gentil de Liége.

Les hommes aimables et polis de Liége.

(XIIIe siècle.)

27

Liége la ville aux cramignons.

Le cramignon est une sorte de farandole, formée par des
jeunes gens des deux sexes qui se tiennent par la main et

forment un immense ruban qui se déroule en zigzags fan-
tastiques et se réunit parfois en rond. Il a lieu au son de
chansons : un des danseurs, et le plus souvent une des dan-
seuses, chante le couplet, et tous les autres le répètent. Ces
chants sont souvent épicés, et les magistrats de la ville n'y
sont pas plus épargnés que les maris malheureux ou les
femmes coquettes.

28

Liége la sale.

29

Les oies de Visé.

Il ne s'agit pas des habitants, mais d'une préparation culi-
naire dont les gens de Visé ont le secret. On profite cependant
de l'équivoque quand on veut s'amuser aux dépens de ceux-ci.

30

Vert et vieux.

Sobriquet de Verviers, amené par un calembour.

NAMUR

31

Namur la Gloutte.

32

a) Les d'jòjos d'Nameur.

On appelle d'jojos de Namur les pédants.

b) Les Namurois sont des d'jojos
In quittent-nu nin leu môjo.

33

Les copères de Dinant.

On appelle coperies les traits de simplicité d'esprit ridiculement naïfs qu'on attribue aux habitants de Dinant.

SOURCES

CRAPELET — 23, 26.

LEROUX DE LINCY — 7.

REINSBERG-DURINGSFELD : *Trad. de la Belgique* — 9 *a*.

ROUX. *Dict. du bas Limousin* — 2.

Communications de :

MM. GAIDOZ — 1.

     Lieutenant HAROU — 4, 5, 6, 8, 9 *b*, 10, 13, 14, 15, 16, 17, 18, 19, 20, 21, 24, 25, 27, 29, 30.

     Clément LYON [1] — 22.

     F. DE NAMUR — 3, 28, 31, 32 *a*, 32 *b*.

     J. DE TOURNAY — 11, 12, 33.

ILES NORMANDES

Nous n'avons pu nous procurer ancun dicton sur les îles Normandes, où comme l'on sait on parle un dialecte normand.

---

[1] Toutes les communications belges, sauf une partie de celles de M. le lieutenant Harou, ont paru dans les numéros des 7, 14 juin et 13 juillet 1883 du journal l'*Education populaire* de Charleroi, qui avait bien voulu ouvrir ses colonnes à une enquête sur les sobriquets belges.

Toutefois il est certain qu'il doit en exister comme partout ailleurs. Les Guernesiais semblent accuser de naïveté leurs voisins les Jersiais. On raconte que « des Jersiais ayant vendu leur poisson à Guernesey, l'un deux attacha un câble à une pointe de Guernesey, et à toutes rames, à toutes voiles, ils voguent vers Jersey, sûrs d'agrandir avant le coucher du soleil le territoire de leur île et ils criaient :

> Hale, Pierre, hale Jean !
> Guernesi s'en vient. »

Métivier, *Dict. franco-normand*, Londres, 1876, p. 275.

———

SUISSE

LA SUISSE ET LES SUISSES

1

a) N'entendre non plus raison qu'un Suisse.

Être stupide, sévère, qui ne parle qu'avec brutalité et qui n'entend ni rime ni raison.

b) Autant vaudrait parler à un Suisse et cogner la tête contre un mur.

2

Pas d'argent, point de Suisse.

Manière de parler proverbiale fort en usage en France pour exprimer que sans argent on ne peut rien avoir. L'origine de ce proverbe est attribuée à l'usage reçu en Suisse de fournir des troupes aux différentes puissances de l'Europe moyennant une somme convenue.

3

a) Faire Suisse.

Boire tout seul. — Ce mot à la caserne équivaut à une injure indélébile. *Faire Suisse,* c'est vivre seul, mesquinement, sans relations amicales et sans appui, c'est entasser son prêt, lésiner, thésauriser, s'imposer des privations volontaires ou dépenser sournoisement son argent loin des autres.

b) Faire son Suisse.

C.-à-d. aux foires prendre ses repas seul, sans chercher de camarades.

(Poitou.)

4

— Suisse, mangeons ton pain.
— Je n'ai pas faim.
— Mangeons le mien.
— Je le veux bien.

(Franche-Comté.)

5

a) Ibrougno coumo un Souisso.

(Languedoc.)

b) Ivrogne comme un Suisse.

(Belgique wallone.)

6

Adieux de Suisse.

D'après l'*Intermédiaire,* III, 147, ce fut jadis synonyme de sentinelle odorante. Les Suisses, en quittant leurs casernes, les laissaient dans un état de propreté peu satisfaisant. Un autre correspondant, p. 490, émet l'opinion que ce dicton voulait simplement signifier adieux sans prétention.

7

Dormir comme un Suisse.

(Haute-Bretagne.)

8

C'est comme les Suisses portent la hallebarde, par dessus l'épaule.

SUISSE ROMANDE

9

Trois Juifs font un Balois,
Trois Balois font un Genevois.

10

Genevois, quand je te vois, rien je ne vois.

(Bugey.)

11

Si vous voyez un Genevois sauter par la fenêtre, sautez après lui ; il y a quelque chose à gagner.

(Bugey.)

12

Nous étions trois bons Genevois à nous promener. Nous avons rencontré un petit Francillon. Si on avait été quatre, on le crevait.

Facétie de frontière où l'on se moque de la vanité des Genevois.

(Bugey.)

13

Corbè (corbeau).

Sobriquet des habitants d'Etagnièr**es**.

14

Peka-dzenâivro.

Ramasseur de genevrier.

Sobriquet de certains villages où abonde le genevrier.

15

Eutrainlia-mâclio.

Les étrangle-taureaux.

Sobriquet d'un village sur la rive droite du Léman. — De l'herbe ayant cru sur le clocher de l'église, on voulut la faire manger par le taureau (*mâclio*) de la commune. On lui passa une corde au cou, et l'animal hissé jusqu'à la touffe fut naturellement étranglé.

___

SOURCES

BLAVIGNAC. *L'Empro genevois* — 12, 13, 14, 15.
Comédie des proverbes — 1 *b*.
Intermédiaire, III, 147 — 6.
LEROUX DE LINCY — 8, 10.
LEROUX : *Dict. comique* — 1 *a*, 2, 9.
MIR — 5 *b*.
PERRON — 4.
RIGAUD : *Dictionnaire d'argot* — 3 *a*.
SOUCHÉ — 3 *b*.

Communications de :

MM. le lieutenant HAROU — 5 *a*.
    Paul SÉBILLOT — 7.
    VINGTRINIER — 11.

CINQUIÈME PARTIE

———

LES FRANCES D'OUTREMER

LES FRANCES D'OUTREMER

AFRIQUE

ALGÉRIE

LES RACES

1

Argerien.

Homme cruel et méchant. Souvenir de la piraterie barba-
resque.

(Provence.)

2

Chez les chrétiens, du cliquetis
Et peu de nourriture.

Allusion aux énormes dhiffas arabes.

3

Les chrétiens sont les ennemis de Dieu,
On ne les prend qu'en invoquant Dieu.

4

Le Kabyle dans la montagne est un lièvre,
Dans la plaine, une vache.

5

Que Dieu t'amène à Malte : point de lit, point d'habits ;
on jouera aux cartes sur toi.

DÉPARTEMENT D'ALGER

6

Les habitants de la Metidjà sont noyés en hiver et
brûlés en été.

7

Si tu vois un homme grand et inutile (ou à l'air ébahi),
Sache que c'est un fils d'Alger.

8

Les gens t'appellent Blidah (petite ville)
Et moi je t'appelle Ouridah (petite race).

9

Cherchel est une ruine.

Jeu de mots sur Cherchell et Charchalla.

10

Les gens de H'amiss, leur poitrine n'est qu'inquiétude,
Leurs ongles ne sont que sang,
Ils tuent ceux qu'ils poursuivent
Et ceux qui les poursuivent.

11

Celui qui, vêtu d'un petit manteau,
Tenant dans sa main un petit bâton,
Debout sur une petite colline
Dit au malheur : viens me trouver,
Reconnais-le pour un enfant de Médéah.

12

Médéah, nouvelle mariée.

Jeu de mots sur Lemdiah et Mahdïah.

13

A Milianah, les femmes sont des vizirs
Et les hommes obéissent docilement.

14

Si tu trouves l'individu de Milianah vendant,
N'achète rien auprès de lui.
Si tu le trouves achetant,
Achète avec lui.

15

Tenès,
Bâtie sur du fumier,
Son eau est du sang,
Son air du poison,
Sidi Ah'med ben Yousef a juré qu'il n'y passerait pas la nuit.
Va-t-en, ô chat.

Ténès, département d'Alger. — Le dernier vers fait allusion
à cette histoire : « Les gens de Ténès, pour éprouver le saint,
lui offrirent un chat rôti. Mais Ah'med ne s'y laissa pas
tromper. Il dit au plat : S'ob (mot employé pour chasser les
chats), et le rôti, sautant sur ses pattes, prit aussitôt la fuite. »

DÉPARTEMENT DE CONSTANTINE

16

Constantine invente,
Alger fabrique,
Oran gâte.

17

Les Beni-Gharou sont des fils de l'étonnement,
Ils s'émerveillent de la moindre chose.

18

Les Beni-Djennad.

Les Beni-Djennad, autre tribu du même département, sont
regardés par les autres Kabyles comme des gens simples et fa-
ciles à tromper. Il court sur eux nombre d'histoires comiques
dont quelques-unes ont été reproduites par Rivière, *Contes
Kabyles*. Leroux, 1883, p. 171 et suiv.

DÉPARTEMENT D'ORAN

19

Oran, pour la vente et l'achat (le commerce)
Aucune ville ne la surpasse ;
Celui qui y entre pauvre
S'en retourne riche.

Ces deux dictons s'appliquent à Oran sous la domination espagnole.

20

Les Beni Hachem, laboureurs, achètent le blé,
Tisserands [ils sont] nus.

Tribu voisine de Mascara, d'où est sortie l'Emir Abd–el–Kader : Beni Hachem. — Correspond pour le sens au proverbe français : « Cordonnier mal chaussé. »

21

a) Les gens de Mascara sont tes amis le matin
Et ils te haïssent le soir ;
Ils aiment sans cœur
Et haïssent sans raison,
Médisant (même) du pain
Et joyeux de la vengeance.

b) Mascara, ville détestable
Sans foi,
Un de ses habitants est ton ami le matin
Et te trahit le soir.

22

Les gens de Mostaghanem relèvent leurs *bolghas* en flairant un dîner.

Les *bolghas* sont des pantoufles en cuir jaune du Maroc dont la partie postérieure est d'ordinaire rabattue sous le talon : on ne la relève que pour courir.

23

Ceux au langage fleuri,
Sanglés comme l'étalon,
Avares de bienfaits,
Dis : « Ce sont les gens de Tlemcen ».

24

A Tlemcen, du souci,
L'eau y est saine
Et les visages laids.

25

Tlemcen,
Ornement des cavaliers,
Son eau et son air (son climat) et le voilement de ses
Il n'y en a pas de tels en aucun pays.   [femmes,

SAHARA ALGÉRIEN

26

Aïn Madhi, son visage est une face de brebis,
Sa morsure une morsure de loup.

SOURCES

Mistral : *Lou thesor don felibrige.* — 1.

Tous les autres dictons, sauf le numéro 18, sont arabes, et nous en devons la traduction à M. René Basset, professeur à l'Ecole supérieure des lettres à Alger. Le peuple les attribue pour la plupart à Ahmel ben Yousef, personnage du xvie siècle, né à Qada'a des Beni Rached et enterré à Milianah. Ahmed avait parcouru une grande partie de l'Algérie, laissant partout, comme souvenir de son passage, des miracles et des dictons où, en général, ses hôtes n'étaient pas épargnés. Ceux qui courent parmi le peuple lui sont attribués par la tradition.

TUNISIE

1

A Tunis les portes des maisons sont en marbre,
A l'intérieur, il n'y a que de la suie.

Jeu de mot sur *rokham* « marbre » et *sokham* « suie ».

2

Sans le bacounis,
Point de révolte à Tunis.

Le bacounis est une sorte de poisson salé dont les habitants de Tunis faisaient une grande consommation.

SOURCES

EL BAKRI (XI⁰ siècle de notre ère) et un géographe anonyme de l'époque suivante — 1, 2. (Communiqué par M. R. BASSET.)

MAURICE ET RÉUNION

1

Larivières dans péye Maurice zamés té gagne bonher : temps Francés zautes té rôde ponts ; temps Anglés zautes rôde dileau.

Les rivières dans le pays de Maurice n'ont jamais eu de bonheur : du temps des Français elles n'avaient pas de ponts ; du temps des Anglais elles n'ont pas d'eau.

2

Bête comme un Bourbonnais.

(Maurice.)

Les Mauriciens racontent sur les Bourbonnais, qu'ils accusent d'être les Béotiens du canal Mozambique, une foule de contes où leurs voisins jouent le rôle de gens stupides et naïfs.

SOURCES

BAISSAC, *Essai sur le créole mauricien.* — 1.
Communication de M. Paul SÉBILLOT — 2.

AMÉRIQUE

COLONIES FRANÇAISES

ANTILLES

1

Les bonnes gens de la Guadeloupe,
Les messieurs de la Martinique,
Les seigneurs de Saint-Domingue.

MARTINIQUE

2

Gens Couôs Mône.

Gens du Gros-Morne.

C'est-à-dire niais, imbécile. — On raconte sur eux plusieurs histoires comiques, consacrées à montrer leur simplicité
d'esprit.

3

C'est yon milatt Lapointe-Larose.

C'est un mulâtre de la Pointe La Rose.

C'est un sot, un concombre, un fichu sot.

SOURCES

GRANIER DE CASSAGNAC : *Voyage aux Antilles* — 1.
TURIAULT : *Le Patois créole de la Martinique* — 2, 3.

PAYS DE LANGUE FRANÇAISE

CANADA

1

Te mandaray en Canada pesca de mounines verdes.

Je t'enverrai au Canada pêcher des aigles-poissons verts.

(Languedoc.)

2

Ne m'en trufe coume do'u Canada.

Je m'en soucie comme du Canada.

C'est-à-dire cela m'est égal.

(Provence.)

3

Un Jean-Baptiste.

C'est le nom donné aux Canadiens français, surtout aux habitants. — Saint Jean-Baptiste est le patron des Canadiens en général, et en particulier d'une puissante association qui réunit les Canadiens vivant aux Etats-Unis ou dans les Etats non canadiens de la puissance du Canada. (Cf. pour les détails P. Rameau, *La France aux Colonies*, p. 171 et 173.)

4

Les Kannucks.

Les habitants des Etats-Unis appellent les Canadiens-Français des *Kannucks*. Nous ignorons l'origine et le sens de ce sobriquet.

5

Les Jarrets noirs de la Beauce.

Jadis il y avait des savanes et des terrains humides entre ce pays et la côte du Saint-Laurent. Les gens de la Beauce pour les traverser ôtaient leurs souliers et les gens de Léris qui les voyaient les pantalons retroussés, les jarrets couvert de boue, leur avaient donné ce surnom. (Communiqué par M. Ernest Gagnou.)

6

Les Chouayens, ou Canons de la Nouvelle Lorette.

7

Les Marsouins de l'Ile-aux-Coudres.

8

Les Sorciers de l'île d'Orléans.

Ce sobriquet vient sans doute d'une légende rapportée par de Gaspé, *Anciens Canadiens*, I, p. 59 : Une sorcière, la Corrivalu, se rendait à cette île pour ses maléfices.

9

Les Beignets de Sainte-Rose.

10

Menteur comme un sauvage.

De leur côté les sauvages disaient : « Menteur comme un Français. »

11

C'est un Iroquois.

Ce mot est piquant et injurieux, lorsqu'on l'applique à une personne qu'on maltraite d'injures et de paroles.

12

Il parle français comme un Iroquois.

Il s'exprime mal.

13

C'est un plaisant Iroquois.

C'est un sot, un ridicule, un faquin, un fat ou un animal.

14

C'est un Huron.

C'est un abruti.

   (Picardie.)

HAITI

15

Heureux comme un nègre de Galiffet.

LOUISIANE

16

a) Partir pour le Milsipipi.

(Normandie.)

Partir pour le Milsipipi (c'est-à-dire le Mississipi) c'est aller chercher fortune au loin ; il y a là sans doute un souvenir du temps où les bords de ce fleuve passaient pour un pays enchanté.

b) Envoyer au Mississipi.

Envoyer au diable.

SOURCES

CORBLET — 14.

DE GASPÉ : *Les anciens Canadiens* — 10.

DESNOYERS : *Robert–Robert*, p. x — 16 *b*.

Inventaire alphabétique du Languedoc — 1.

LEROUX : *Dict. comique* — 11, 12, 13.

MARMIER : *A la maison* — 15.

MISTRAL — 2.

Nouvelles soirées Canadiennes, 1883, p. 420 — 5. 6, 7, 8, 9.

SOUVESTRE : *Les Derniers paysans* — 16 *a*.

Communications de :

MM. ERNEST GAGNON, de Québec — 3.

JOHN L. WILLIAMS, de Chicago — 4.

LES NÈGRES

1

Zanimaux bête comment noirs : çouval feré pitits, bourrique feré pitits, bef feré pitits, licien feré pitits ; néque milét tout sél qui éna spirit, li zamés gagne pitits.

Les animaux sont bêtes comme les noirs : le cheval fait des petits, l'âne fait des petits, le bœuf fait des petits, les chiens font des petits ; il n'y a que le mulet tout seul qui ait de l'esprit, jamais il ne fait de petits.

(Maurice.)

2

Bondié té feré bourrique pour noirs, milés pour zens coulér, çouval pour blanc.

Le bon Dieu a fait les bourriques pour les noirs, les mules pour les gens de couleur, le cheval pour les blancs.

(Maurice.)

3

Même baton qui batte chein noèr la pé batte chein blanc la.

Le même bâton qui bat le chien noir peut aussi battre le chien blanc.

(Créole de la Trinité.)

SOURCES

Baissac : *Le patois créole Mauricien* — 1, 2.
Thomas : *The theory of Creole Grammar* — 3.

———

ASIE

CAMBODGE

Riche comme le Tchin-la.

Tchinla est le nom chinois du Cambodge. — Ancien proverbe chinois. Les auteurs chinois l'expliquent par ce fait que les animaux de la ménagerie du roi de Tchin-la auraient mangé dans des auges et des vases d'or.

———

SOURCE

Abel-Rémusat : *Nouveaux mélanges asiatiques,* Paris, 1829, p. 92 et 97.

———

TONG-KING

Hâ-Nôi est la tête, mais Ninh-Binh est le cou.

Hâ-Nôi doit sans doute ce compliment à son importance stratégique et commerciale, à sa situation sur le cours supérieur du fleuve Rouge. — Ninh-Binh s'élève à la bifurcation du bras principal du Daï et de la rivière de Van-Sang. Sa force réside surtout en deux forts bâtis sur deux rochers à pic.

(Proverbe tong-kinois.)

SOURCE

Société de Géographie, Procès-verbaux, 1883, p. 572.

OCÉANIE

NOUVELLE CALÉDONIE

Partir pour la Nouvelle ou aller à la Nouvelle.

Aller au bagne.

(Paris.)

——

SIXIÈME PARTIE

L'ÉTRANGER

L'ÉTRANGER

—————•—————

Les Rastaqouères.

« On ne sait trop au juste ce que ce mot-là veut dire. Il
fait son entrée dans la langue et prendra place dans les futurs
dictionnaires. Tout ce qu'on sait, c'est qu'il en est fait usage
pour désigner des gens de toutes les sortes et de toutes les
nationalités qui s'en viennent à Paris pour y pêcher en eau
trouble.... C'est la légion des déclassés cosmopolites qui
vient se faire oublier dans le tohu-bohu d'une grande ville,
tout en y vivant de son mieux. — Le mot lui-même a une
certaine harmonie imitative et n'indique pas grand'chose de
bon. Tout en étant sonore, il sonne mal et fait deviner quelque
chose d'inférieur. » (Le *Soleil*, 14 avril 1883.)

Ce nom de *Rastaqouères* sert de titre à un livre de M. Gué-
rin-Ginisty qui a paru récemment.

—————•—————

ALLEMAGNE

L'ALLEMAGNE ET LES ALLEMANDS

1

Les Italiens pleurent, les Allemands crient, les Français chantent.

2

L'Italien est sage devant la main, l'Allemand sur le coup, le Français après le coup.

3

Li plus ireux sont en Alemaingne.

Les hommes les plus enclins à la colère sont en Allemagne.

(XIIIᵉ siècle.)

4

a) Querelle d'Allemand.

Ce terme est encore très usité aujourd'hui. Il veut dire, comme à cette époque, une querelle mauvaise et injuste qui a été suscitée pour une bagatelle, et commencée brutalement avec quelqu'un, sans sujet ni raison.

b) Querelleur comme un Allemand.

(Belgique wallonne.)

5

a) Coulèrous coumo un Alemand.

Colère comme un Allemand.

(Languedoc.)

b) Encoulèrit coumo un Prussien.

Colère comme un Prussien.

(Languedoc.)

6

Gare la queue des Allemands.

C'est-à-dire prenez garde aux conséquences. En Dauphiné, on a expliqué ce proverbe par la crainte d'une nombreuse et puissante famille des Alleman, originaire d'Uriage, au XIIe siècle et qui eut de nombreuses guerres privées avec les autres seigneurs du pays.

Il n'y a probablement là qu'une application locale et par calembour d'un proverbe appliqué aux Allemands et qui leur attribue l'esprit de rancune et de vengeance.

7

a) Auturious coumo un Alemand.

Hautain comme un Allemand.

Ce dicton existait dès le XVe siècle.

(Languedoc.)

b) Les Allemands et les Lombards sont volontiers un peu hautains.

8

Les Allemands ont l'entendement ès-mains.

C'est-à-dire sont pillards. De nos jours on a fait maintes plaisanteries sur les pendules enlevées par eux dans la dernière guerre.

9

Li plus bel home en Alemaigne.

(xiii⁰ siècle.)

10

Valser comme une Allemande.

(Suisse romande.)

11

a) Beure coumo un Alemand [1].

b) Beure à bentre deboutounat coumo un Alemand.

c) Pinta, flabuta coumo un Alemand.

(Languedoc.)

d) Plus plein de vin qu'un Allemand.

12

Faire une Prusse.

Se saôuler.

(Paris.)

13

Sadou coume un Alemand.

Soul comme un Allemand.

---

[1] Au moyen-âge, on avait fait cette épigramme :

Si latet in vino verum, ut proverbia dicunt,
Invenit verum Teuto, vel inveniet.

*Si la vérité est dans le vin, comme disent les proverbes, — l'Allemand
a trouvé la vérité, ou il la trouvera.*

On dit de même en italien : *bere alla Tedesca.*

14

Gras com un Tudesch.

(Roussillon.)

15

Faisant le saut de l'Allemand, du lit à la table.

16

Dampfnudelfresser.

Mangeurs de dampfnudel (grosses quenelles).

Sobriquet des Bavarois.

(Alsace.)

17

A la suite des invasions de 1814 et 1815, les Autrichiens ont reçu en Alsace plusieurs sobriquets qui, plus tard, par extension, ont aussi été appliqués aux Allemands.

Kostbeutel, „ *poches à nourriture* ”. — Knepfelbüch, „ *ventres à quenelles* ”. — Eierküchefresser, „ *mangeurs de couques* ” [1]. — Pfanneküchefresser, „ *mangeurs de pfannekuchen* ” [2].

On disait dans une chanson :

> Wenn jede Festung im Frankreich umher
> Eine Pflutte oder ein Pfannkuche wär,
> So hatten's die Deutschen schon längst gewonnen ;
> Hätten sie alle mit Sturm eingenommen !

Si chaque forteresse en France au long et au large — était une pflutte ou un Pfannkuch, — les Allemands l'auraient emportée depuis longtemps, — ils les auraient toutes prises d'assaut !

[1] Nom d'un gâteau.
[2] Quenelle de pommes de terre.

Et une autre chanson, intitulée : *La Retraite des Autrichiens*
disait :

> So lang 's noch Speck un Knepfle gitt,
> So geh mer nitt zuem Elsass 'nüss,
> Nitt, nitt, nitt, nitt !...

Aussi longtemps qu'il y aura du lard et des quenelles, — nous n
sortirons pas de l'Alsace. — Non, non, non, non !...

(Alsace.)

18

Rou comme un Allemand.

19

Cap carrat coumo un Alemand.

(Languedoc.)

20

Moucadé dous Alemans : lous quoate ditz et lou pouce

Mouchoir des Allemands : les quatre doigts et le pouce.

(Gascogne.)

21

a) Le peigne de l'Allemand : les quatre doigts et l
pouce.

b) Se penchena coumo un Alemand, amé lous quatr
dets e lou pouce.

(Languedoc.)

22

Son Prussien.

« Son Prussien » remonte aux guerres du premier empire e
provient des déroutes de la campagne de 1806, où les Prussiens montrèrent souvent le dos. (*Guide du Prussien oq Ma*

nuel de l'artilleur sournois, à l'usage des personnes constipées, etc. Paris, Ponthieu, 1825.) Une chanson de la Restauration disait :

> Le général Kléber
> A la barrière d'Enfer
> Aperçut un Prussien
> Qui lui montra le sien.

D'autres prétendent que cette plaisanterie vient de ce qu'en 1792, les Prussiens abusèrent des raisins, l'*Intermédiaire* 11.374 assure qu'un vétéran de Valmy lui a affirmé avoir entendu cette plaisanterie à cette époque.

Peut-être aussi cette expression vient-elle de ce que les Allemands, comparés aux peuples plus méridionaux, ont la partie postérieure du corps très développée et très charnue.

23

Travailler pour le roi de Prusse.

A cette époque de Frédéric le Grand, la Prusse était pauvre, la discipline sévère, le mois de solde était de trente jours. On prétend aussi que ce dicton vient de l'impéritie de Soubise ; au xviie siècle, on avait fait un couplet analogue sur Villeroy :

> Villeroy, Villeroy
> A fort bien servi le roy...
> Guillaume.

24

Trente-un, jour sans pain, misère en Prusse.

Formule du loto des casernes. On assure que jadis le 31 n'était pas compris dans les comptes d'armée. De là viendrait aussi : « Travailler pour le roi de Prusse. »

25

Vous me prenez pour un Allemand.

Vous me prenez pour un étranger.

26

Il n'y entend que le haut Allemand.

Il ne sait point une langue, une science.

27

Hacher de la paille.

C'est-à-dire parler allemand.

28

Crestian d'Ambourg.

Mauvais chrétien.

(Provence.).

29

Cousinié d'Ambourg.

Mauvais cuisinier.

(Provence.)

30

Les Allemands sont appelés en Alsace des Souabes *Schwob* pluriel *Schwowe* [1]. Les épithètes courantes sont :

Elender Schwob, „ *misérable Schwob* ".
Dummer Schwob „ *Schwob imbécile* ".
Pfiffiger Schwob „ *Schwob madré* ".
Hergeloffener Schwob „ *Schwob intrus* ".

Ces épithètes, nous dit M. Barth, représentent les vertus

---

[1] Les Alsaciens désignent l'ensemble de la race germanique par le nom de la tribu allemande dont ils sont les voisins immédiats, les Souabes. Les Alsaciens appartiennent eux-mêmes à la tribu alémannique. Nous-mêmes avons adopté le nom d'Allemands, parce que c'est le nom de la tribu germanique qui, au sud-est, est immédiatement en contact avec la population de langue française.

cardinales que l'humeur populaire attribue, en Alsace, aux Allemands, elles impliquent plutôt le mépris que la haine.

La médisance populaire a prêté, depuis longtemps, au *Schwob* un renom de poltronnerie. Une vieille enseigne de Strasbourg *Zu den sieben Schwaben* (aux sept Souabes) représentait sept Souabas s'avançant armés d'une longue et unique hallebarde pour combattre un lièvre [1]. Un dicton populaire dit : *Siwe Schwowe uff eine mann*, sept Souabes contre un homme. L'histoire des sept Souabes est tout aussi populaire en Allemagne et les autres Allemands ont toujours fait des Souabes le but de leurs railleries et de leurs plaisanteries [2].

Nous donnons ci-dessous, avec l'air noté, un refrain populaire à Strasbourg :

Lasst mer nur kein Schwo-we ins haus, Schwo-we ins haus, Schwo-we ins haus, Lasst mer nur kein Schwo-we ins haus, Schwo-we ins haus.

Lasst'mer nur kein Schwowe ins Haus,
Schwowe ins Haus ! (*bis*).

Ne laissons pas entrer d'Allemands dans la maison, — d'Allemands dans la maison.

---

[1] Elle est figurée dans le *Magasin pittoresque* de 1852, p. 288. — Le même sujet a été traité avec humour par le sculpteur Bartholdi ; et son groupe est figuré dans le *Magasin pittoresque* de 1858, p. 224. A cette occasion on a raconté la légende des Sept Souabes.

[2] Voir Reinsberg-Düringsfeld, t. I, p. 65 et suiv.

SOURCES

BLADÉ — 20.

CRAPELET — 3, 9.

GRINGORE — *Menus propos* — 7 *b*.

Intermédiaire, III, 628, 7 — 22, 23, 24.

JULIEN PEPRAXT : *Revue des langues romanes* — 14.

LEROUX DE LINCY — 8, 13 *d*, 18, 26.

LEROUX : *Dict. comique* — 4 *a*, 21 *b*.

MÉRY — 6, 12, 17.

MIR — 5 *a*, 5 *b*, 7 *a*, 7 *c*, 11, 19, 21 *c*.

MISTRAL — 13, 28, 29.

OUDIN — 25.

Le véritable Sancho Pança — 1, 2.

TŒPFER dans BLAVIGNAC — 10.

Le tracas de Paris (XVIIᵉ siècle) — 11 *d*.

STŒBER : dans les *Deutschen Mundarten*, t. III — 17.

Var. hist. et litt. (VI, 277) — 15.

Communications de :

MM. BARTH — 16, 30.

GAIDOZ — 27.

HAROU — 4 *b*.

Paul SÉBILLOT — 12.

AMÉRIQUE

L'AMÉRIQUE ET LES AMÉRICAINS

1

Avoir l'œil américain.

C'est-à-dire être fin, souvent plus qu'il ne faut.

2

Oncle d'Amérique.

Oncle dont l'héritage est imprévu.

3

A pas besoun d'ana dins l'Americo.

Il n'a pas besoin d'aller en Amérique.

Se dit d'un homme âpre au gain.
(Provence.)

4

a) Ce n'est pas le Pérou.

b) Safran du Pérou.

C'est de l'or.

c) C'est un petit Pérou.

C'est un trésor.
Le Pérou était par excellence le pays de l'or : de là ces dictons.

5

Aller en Californie.

Faire fortune. — Vers 1850, Californie était synonyme de trésor et avait remplacé l'Eldorado des navigateurs du XVIe siècle.

_____

SOURCES

Leroux : *Dict. comique* — 4*b*, 4*c*.
Méry — 4 *a*.
Mistral — 3.

Communications de M. Paul Sébillot — 1, 2, 5.

_____

ANGLETERRE

L'ANGLETERRE ET LES ANGLAIS

1

D'Angleterre
Ne vient ni bon vent ni bonne guerre.

(Rhône.)

2

Loyauté d'Anglois, bonne terre, mauvaise gent.

3

Aimable comme un Anglais.

4

Meschant coum' un Anglés.

Souvenirs de la guerre de Cent-Ans qui, pour le Limousin,
fut la guerre de Trois Cents Ans (1152-1436).

(Bas-Limousin.)

5

Sétu eur ghir eûz a wéchall :
Skanv a fougher evel eur Gall,
Droug-obéruz ével eur Zâoz,
Rog ha morgant evel eur Skoz.

Voici un dire d'autrefois : — vain et léger comme un

Français, — dur et méchant comme un Anglais, — rogue et orgueilleux comme un Ecossais.

> (Basse-Bretagne.)

6

Manja coumo un Anglès.

Manger comme un Anglais.

> (Languedoc.)

7

a) Li mieldre buvéor en Angleterre.

Les meilleurs buveurs sont en Angleterre.

> (XIIIᵉ siècle.)

b) Saoul comme un Anglais.

c) Sou comme ein Anglais.

> (Picardie.)

d) Beue coumo un Anglès.

Boire comme un Anglais.

> (Gascogne.)

e) Beùre coume un Anglès.

> (Provence.)

f) Pinta coumo un Anglès.

> (Languedoc.)

Les Anglais disent eux-mêmes :

Dead drunk as an Englishman.

Ivre-mort comme un Anglais.

Rabelais fait renvoyer le premier précepteur de Gargantua « saoul comme un Anglois ».

Dans une contestation élevée en 1222 entre les écoliers de

l'Université de Paris, les Français appelaient les Anglais leurs condisciples *potatores et caudatores*. Jacques de Vitry, un de nos meilleurs historiens du moyen âge, fait mention de cette contestation dans le chap. VIII de son *Histoire d'Occident*.

8

Il ha plus à faire que les fours de Noël en Angleterre.

(XVIe siècle.)

9

Jurer comme un Anglais.

(Canada.)

On disait aussi en juron : Je veux qu'un Anglais m'étrangle.

10

Grossier comme un Anglais.

(Belgique wallonne.)

11

Prendre congé à l'anglaise.

C'est-à-dire brusquement et sans rien dire. — C'est la contre-partie du dicton anglais qui en dit autant des Français [1]

12

Rouge coumo un Anglès.

Rouge comme un Anglais.

(Gascogne.)

Usité aussi en Provence.

---

[1] On dit de même en allemand : Polnischer Abschied, « Congé à la polonaise ». (Frischbier, Preussisches Wörterbuch.)

13

Serrer à l'Anglaise.

Donner une poignée de main à une dame.

14

a) Un Goddem.

b) Un Godon.

La première expression est encore en usage. La seconde était encore, d'après Canel, usitée en Normandie, dans la première moitié de ce siècle. Elle était d'origine ancienne ainsi que le constate l'histoire de Jeanne Darc et plusieurs passages d'anciennes chansons normandes, entre autres, celle-ci, à la suite des *Vaux-de-Vire* de Basselin (éd. de 1811, p. 117.)

> Ne craignez point, allez battre
> Ces Godons, panches à pois.

D'après Méry (III, 240), le mot *godon* se disait autrefois de tout homme adonné au plaisir de la table et qui avait gros ventre.

L'une et l'autre expression proviennent d'un juron autrefois fréquent chez les Anglais : *God damn...*

15

Jean L'Anglais.

(XVIe siècle.)

16

Ça qui Anglés causé, zautes méme tendé.

Ce que disent les Anglais, eux seuls le comprennent.

(Créole mauricien.)

17

Anglichemanne pointu.

Ce sobriquet, où l'on a figuré la prononciation, est très usité à Dinan et dans les autres villes de Bretagne où il y a des Anglais.

18

Les écrevisses.

Ce sobriquet est donné aux soldats anglais à cause de la couleur de leur uniforme. On les appelle aussi « les habits rouges ».

19

Faire la mar is Anglès.

Faire des fanfaronnades.

20

Il y a des Anglais dans cette rue, je n'y veux pas aller.

C'est-à-dire, j'ai là des créanciers. Ce terme était usité dès le XVIᵉ siècle.

> Un bien petit de prés, ne venez prendre
> Pour vous payer, et si devez entendre
> Que ne vi oncques anglez de votre taille
> Car à tous coups vous criez : baille, baille. (MAROT.)

21

Damné comme un Anglais.

    (Haute-Bretagne.)

A Saint-Cast (Haute-Bretagne), on appelle la Cassière aux damnés un des endroits où furent enterrés les Anglais après leur défaite de 1758.

22

Côte Anglés passé l'arzent poussé.

Où passent les Anglais l'argent pousse.

    (Créole mauricien.)

23

Temps Francés zourmons té plis gros qui temps Anglés.

Du temps des Français les giraumons étaient plus gros que du temps des Anglais.

(Créole mauricien.)

24

Zanglés manze houritte.

Un Anglais mangeur d'houritte.

C.-à-d. un homme de la lie du peuple.

(Créole mauricien.)

PAYS DE GALLES

25

Li plus ligier en Gales.

(XIII° siècle.)

26

Li plus tost corant sont en Gales.

(XIII° siècle.)

ÉCOSSE

27

Li plus truant en Escoce.

Les plus gueux, les plus demandeurs sont en Ecosse.

(XIII° siècle.)

BLASON.   22

28

a) Fier comme un Ecossois.

(xvi° siècle.)

b) Fièr coumo un Ecoussés.

(Languedoc.)

Et si j'osois parler des Escoçois qui sont tous cousins du roi. (*Apologie pour Hérodote.*)

29

a) Jurer comme un Ecossois.

(xvi° siècle.)

b) Jura coume un Escousses.

(Languedoc.)

30

J'ai la conscience aussi large que les houseaux d'un Escossois.

(xv° siècle.)

IRLANDE

31

Li plus sauviage en Irlande.

32

Passe-Irlandois.

C'est-à-dire Irlandais en passage. On appelait ainsi les catholiques qui, chassés de leur île, avaient infesté Paris pendant tout le temps de l'occupation espagnole.

33

Les Bas de Soie.

Sobriquet des Irlandais au Canada.

SOURCES

BAISSAC — 16, 22, 23, 24.

BLADÉ — 7 *a*, 12.

BRIZEUX — 5.

CLÉMENT-SIMON — 4.

CORBLET — 7 *c*.

CRAPELET — 7 *a*, 25, 26, 27, 31.

GASPÉ (de) : *Anciens Canadiens* — 9, 33.

GRINGORE : *Menus propos* — 30.

LEROUX DE LINCY — 2, 3, 8, 12, 28 *a*, 29 *a*.

MIR — 6, 7 *f*, 28 *b*, 29 *b*.

MISTRAL — 7 *e*, 19.

NOËL DU FAIL — 15.

Nouvelles soirées canadiennes, 1883, p. 420 — 33.

OUDIN — 20.

SOUVESTRE — 21.

Le véritable Sancho Pança — 1.

Variétés, hist. et litt., t. VI, p. 75 — 32.

       Communications de :

MM. H. GAIDOZ — 7 *b*.

       HAROU — 10.

       E. ROLLAND — 11.

       Paul SÉBILLOT — 13, 14 *a*, 14 *b*, 17, 18.

BOHÈME

LES BOHÉMIENS, TSIGANES, OU ÉGYPTIENS

Au moyen âge, on croyait que cette race nomade venait d'Egypte, de là le nom d'Égyptien, en espagnol *Gitano*, en anglais *Gipsy*. Plus tard on crut (également à tort) qu'ils venaient de Bohême, et le nom de Bohémien supplante dans notre langue celui d'Egyptien.

Le nom de *bohémien* ou *bohême* a pris par extension le sens de « vagabond, qui a des mœurs déréglées ». De là, les expressions : „ vie de bohême ”, — „ foi de bohême ”, — „ maison de bohême ”. Puis, le terme générique „ la bohême ” désigne l'ensemble de gens qui mènent „ une vie de bohême ”.

1

Sale coumo Boimé.

Boimé, bohémien, vagabond sans feu ni lieu, diseur de bonne aventure. Boimo, femme malpropre, de mauvaise vie.

(Bas-Limousin.)

2

A la mode des Boimes, ce sont les plus sales qui font la cuisine.

(Poitou.)

3

Biure coumo un Bouhèmo.

Vivre comme un Bohème.

(Languedoc.)

4

Afamat coumo un Boumian.

Affamé comme un Bohémien.

    (Languedoc.)

5

Franc coumo un Bèmi.

Franc comme un Bohémien.

Dicton ironique.

    (Provence.)

6

Engusaire coumo uno Gitano que tiro las cartos.

Engueuseur comme un Gitane qui tire les cartes.

    (Languedoc.)

7

L'Egyptienne dict la bonne fortune à autrui et la malheureuse ne cognoist pas la sienne.

8

Blond d'Egypte.

Se dit par plaisanterie d'une personne très brune.

9

Le terme de *Jubecien* (forme corrompue d'*Egyptien*) est employé aux environs de Paris dans le sens de « trompeur, hypocrite ».

———————

SOURCES

CLÉMENT-SIMON — 1.
LEROUX — 3, 8.
LEROUX DE LINCY — 7.
MIR — 3, 4.
MISTRAL — 5.
SOUCHÉ : *Proverbes* — 2.

Communication de M. E. ROLLAND — 9.

CHINE

LA CHINE ET LES CHINOIS

1

Estre dins la Chino.

Etre dans une extrême misère.

(Provence.)

2

Chinois de paravent.

Homme dont l'extérieur est grotesque.

3

Bête comme un Chinois.

(Belgique wallonne.)

4

Voleur comme un Chinois.

(Dicton de marin.)

5

Sipas vous croire Cinois assez bête pour lésse **Malayes** coupe zautes laquée.

Croyez-vous les Chinois assez bêtes pour laisser les Malais leur couper la queue.

(Créole mauricien.)

6

Toulézours n'a pas fête cinois.

Tous les jours ce n'est pas la fête chinoise.

Ce proverbe, du moins sous cette forme, date de quelques années seulement. Les Chinois, à l'occasion de la convalescence du prince de Galles, obtinrent du gouverneur de faire dans les rues du Port-Louis une procession quasi-religieuse qui reçut toute la faveur populaire.

7

Parler chinois.

S'exprimer d'une façon inintelligible.

_____

SOURCES

BAISSAC — 3, 5, 6, 7.
LARCHEY : *Dictionnaire d'argot* — 7.
MISTRAL — 1.

Communication de :
MM. HAROU — 3.
Paul SÉBILLOT — 2, 4.

_____

DANEMARK

LE DANEMARK ET LES DANOIS

1

Li plus grant en Danemarche.
(xiiie siècle.)

2

Austère comme un Danois.

3

Ivroigne comme un Danois.

4

Soupir de Danemarc.

Synonyme burlesque pour dire rot causé par le vin. Sans doute à cause de la réputation d'ivrognerie des Danois.

SOURCES

CRAPELET — 1.
LEROUX — 4.
LEROUX DE LINCY — 2, 3.

ESPAGNE

L'ESPAGNE ET LES ESPAGNOLS

1

a) Bâtir des châteaux en Espagne.

Remplir son esprit de chimères. Proverbe qui vient de ce qu'en Espagne les nobles habitent tous dans les villes. On dit maintenant :

b) Faire des châteaux en Espagne.

2

Servir un plat de figues d'Espagne.

On a accusé autrefois les Espagnols de donner du poison dans les figues.

3

Li meillor pregator en Espaigne.

Les meilleurs prédicateurs sont en Espagne.

(XIIIᵉ siècle.)

4

Debot coumo un Espagnol.

Dévôt comme un Espagnol.

(Languedoc.)

5

Fidèl coumo un Espagnol à soun rei.

Fidèle comme un Espagnol à son roi.

(Languedoc.)

6

Benjatiu coumo un Espagnol.

Vindicatif comme un Espagnol.

(Languedoc.)

7

a) Traite coume un Espagnòu.

(Languedoc.)

b) Traite coumo un Espagnol.

Traître comme un Espagnol.

(Gascogne.)

8

Gueux comme un Espagnol.

(Belgique wallonne.)

9

Lèste coumo un Espagnol.

Leste comme un Espagnol

(Languedoc.)

10

Avé lou vèntre catalan.

Avoir le ventre catalan.

Allusion à la sobriété des Espagnols.
(Provence.)

11

Moucadé dous Espaguols : dus ditz de la man.

Mouchoir des Espagnols : deux doigts de la main.
(Gascogne.)

12

a) Pouillous coumo un Espagnol.

Pouilleux comme un Espagnol.
(Gascogne.)

b) Pesouious coume un Espagnôu.

Même sens.
(Provence.)

13

Salop coumo un Espagnol.

Sale comme un Espagnol.
(Languedoc.)

14

Cap de chicous, cap de diables.

Têtes d'Espagnols, têtes de diables.

Chicou, de l'espagnol *chico,* qui veut dire petit, est un

sobriquet que l'on donne aux Espagnols dans la vallée du Lavedan.

(Pyrénées françaises.)

15

Dab ere et dab un Chicou, qu'en estessem quittés !

Au prix d'elle et d'un Espagnol, plût à Dieu que nous en fussions quittes !

Cela se dit à l'occasion de la mort d'une personne à laquelle on est indifférent, et pour marquer en même temps le mépris que l'on fait de la vie d'un Espagnol.

(Pyrénées françaises.)

16

Caraco.

Sobriquet que l'on donne aux Espagnols à cause d'un juron qui leur est familier.

17

Parler français comme une vache espagnole.

(Voir plus haut au chapitre sur les Français.)

18

Canta Catalan.

Nasiller.

(Provence.)

19

Qui guère ne vaut en sa ville
Vaudra moins en Séville.

20

a) Jouer des arts de Tolède.

Attraper, tromper, faire des tours de force.

b) Il fait d'un coq une poulette,
Il joue des arts de Toulète.

———

SOURCES

BLADÉ — 7 *b*, 11, 12 *a*.
CORDIER — 14, 15, 16, 17.
CRAPELET — 3.
FLEURY DE BELLINGEN — 2.
LEROUX : *Dict. comique* — 1 *a*.
LEROUX DE LINCY — 20 *a*, 20 *b*.
MIR — 4, 5, 6, 7 *a*, 9, 13.
MISTRAL — 10, 12 *b*, 18.
Le véritable Sancho Pança — 19.

Communication de M. HAROU — 8.

———

GRÈCE

LA GRÈCE ET LES GRECS

1

Etre Grec.

Pour habile, entendu, expérimenté, fin, subtil.

2

N'être pas grand Grec.

Etre ignorant ou peu industrieux.

3

C'est du grec, vous n'y entendez rien.

4

Femme grecque, vin grec, vent grec.

Il n'y eut jamais Grec de malice net.

6

a) Li plus traïteurs sont en Gresce.

Les plus perfides sont en Grèce.

(xiiie siècle.)

Les Romains avaient déjà attribué aux Grecs le même défaut : « *Ars pelasga, græcari*, etc. »

b) Traite coumo un Grèc.

(Languedoc.)

7

Filoutejaire coumo un Grèc.

Filou comme un Grec.

(Languedoc.)

8

a) Boire à la grecque.

b) C'est boire comme il faut, et à la grecque, de perdre la mémoire.

9

Voilà un temps bien grec.

C'est-à-dire désagréable.

(Centre.)

10

Vai-t-en à l'Archipelo.

Va-t-en au diable.

(Languedoc.)

———

SOURCES

CRAPELET — 6 *a*.

JAUBERT — 9.

LEROUX : *Dictionnaire comique* — 1, 2, 3.

LEROUX DE LINCY — 4, 5.

MIR — 6 *b*, 7, 10.

NOËL DU FAIL — 8*b*.

Var. hist. et litt., t. IV, p. 70 — 8 *a*.

———

HOLLANDE

LA HOLLANDE ET LES HOLLANDAIS

1

Rafalé ou rapé comme la Hollande.

(Haute-Bretagne.)

2

Je n'ai que faire d'aller en Hollande, ma fortune est faite.

Se dit à ceux qui font de belles promesses dont on ne fait pas grand cas.

3

Grob wie è Hollænder.

Grossier comme un Hollandais.

(Alsace.)

4

Fumer comme un Hollandais.

(Belgique wallonne.)

SOURCES

Leroux : *Dict. comique* — 2.
Rathgeber, dans l'*Alsatia*, 1875-76, p. 188 — 3.

Communications de :

MM. Harou — 4.
Paul Sébillot — 1.

HONGRIE

LA HONGRIE ET LES HONGROIS

1

Li plus trahitre en Hongrie.

(xiiie siècle.)

2

Les Hongres puent comme daims, c'est pitié que de les sentir.

(xve siècle.)

SOURCES

Crapelet — 1.
Gringore : *Menus propos* — 2.

ITALIE

L'ITALIE ET LES ITALIENS

1

Rusé comme un Italien.
> (xvie siècle.)

2

C'est trop d'un demy Italien dans une maison.
> (xvie siècle.)

3

Un Italien.

Signifie un homme jaloux.

4

Vindicatif comme un Italien.
> (Belgique wallonne.)

5

> L'Italien a bonne raison
> De l'église faire une toison.

6

Un faradasse.

Cette expression a été en usage à Paris, il y a une quin-
zaine d'années; c'était la parodie populaire du mot de Cavour :
Italia fara da se.

7

Bachin, bachino.

Sobriquet des Génois qui vont travailler à Marseille. Les Génois ont presque tous le sobriquet de Jean-Baptiste : dans le dialecte de Gênes, Baptiste se dit Bachichin, et par abréviation Bachin. *Parla Bachin,* c'est parler le patois de Gênes.

8

Quatre choses sont difficiles : cuire un œuf, faire le lit d'un chien, enseigner un Florentin et servir un Vénitien.

9

Li plus sage homme sont en Lombardie.
(xiiie siècle.)

Allusion à la sagesse et à la prudence des négociants de ce pays.

10

Les grâces du Lombard : trois dez sur la table.

11

Patience de Lombard.

C'est celle du prêteur qui est en peine de savoir s'il sera remboursé.

12

Boucon de Lombard.

C'est-à-dire du poison.

13

Li plus saige marchéant son en Tosquanne.
(xiiie siècle.)

L'auteur a sans doute voulu parler des Florentins et des

Pisans qui partageaient avec les Vénitiens et les Génois le commerce de la Méditerranée et de l'Ouest.

14

Qui a à faire avec un Toscan ne doibt estre louche.

15

Qui lengo a,
A Roumo ba.

Qui langue a, — *à Rome va* [1].

(Gascogne.)

16

a) Tout chemin mène à Rome.

Cela veut dire qu'il y a plusieurs moyens de réussir dans une affaire.

b) Per centu strade si va a Roma.

(Corse.)

c) Livirit : sa !
Livirit : dia !
Troït krenn,
Troït sounn,
Gant peb hent ez eot da Roum.

Dites : ça ! — *dites : dia !* — *tournez court,* — *tournez sur place,* — *tout chemin à Rome vous mènera.*

(Basse-Bretagne.)

---

[1] On dit de même en turc : « A force d'interroger on va à la Mecque. » (*Osmanische Sprichwœrter*, p. 280.)

17

Loin est de Rome qui est à Paris lassé.

18

Jamouai bounn houme ne revenni de Roume.
> (Wallon de Bouillon.)

19

a) Jamais cheval ni méchant homme
N'amenda pour aller à Rome.

b) Qui bête à Rome va, bête en revient.

c) Qui chien s'en va à Rome, mastin revient.

d) On ne s'amende pas pour aller à Rome.

20

Il faut vivre à Rome comme à Rome.

21

Saint Pierre n'est bien qu'à Rome.

22

On n'envoie pas d'indulgences à Rome.

23

Si vous faites cela, je l'irai dire à Rome.

C.-à-d. cela n'arrivera pas assurément. C'est une espèce de défi.

24

Boulougno la grasso.

Bologne, ville d'Italie, célèbre par la fertilité de son territoire.

(Provence.)

25

Faire comme les phiphres de Lucca qui alloyent sonner
et furent sonnez.

Allusion à un conte ou à une aventure locale.

26

Milan peut faire, Milan peut dire, mais d'eau ne peut
faire vin.

27

Trop tourner çà et là les yeux desmonstre cerveau de
Milan.

28

Lairous de Piso : de jour se batoun, la nèit rauboun
ensemble.

*Larrons de Pise : le jour ils se battent et la nuit ils volent
ensemble.*

(Languedoc.)

29

Lou secours de Peso, trey jours après la bataille.

(Languedoc.)

30

Mires de Salerne.

Médecins de Salerne.

L'école de cette ville située, à huit lieues de Naples, a été,
pendant plusieurs siècles, l'oracle de la médecine. Les apho-
rismes de l'Ecole de Salernes ont été recueillis en vers léonins
qui, presque tous, eurent le mérite de passer en proverbe.

31

Les Salernites tromperoient le diable.

32

Les amoureux de Turin.

33

Le blanc et le noir ont fait Venize riche.

Le poivre et le coton.

34

Cataplasme de Venise.

C'est un soufflet, un coup appliqué sur le visage de quelqu'un.

35

A Venise, qui y naît
Mal se paist,
Qui y vient pour bien
Y vient.

36

a) Le secours des Vénitiens : trois jours après la bataille.

b) Arriba à punt coumo lous Beniciens : tres jours après la batalho.

(Languedoc.)

———

SOURCES

BLADÉ — 15.

CRAPELET — 9, 13, 30.

LEROUX : *Dict. comique* — 3, 12, 16 *a*, 19 *a*, 19 *b*, 23, 34.

LEROUX DE LINCY — 1, 2, 5, 8, 11, 14, 19 *c*, 21, 22, 25, 26, 27, 28, 31, 32, 33.

Lettres à Grégoire — 18.

Le véritable Sancho Pança — 17, 20, 35.

MATTEI — 16 *b*.

MÉRY — 19 *d*.

MIR — 28.

MISTRAL — 7, 24, 36.

NOËL DU FAIL — 11.

OUDIN — 10.

Revue des langues romanes, II, 122 — 29.

SAUVÉ — 16 *c*.

Communications de :

MM. HAROU — 4.

Paul SÉBILLOT — 6.

LES JUIFS

1

Les frisés.

Nom des Juifs en argot.

2

Fidèl coumo un Jusiou à sa lé.

Fidèle comme un Juif à sa loi.

(Languedoc.)

3

Creire coumo un Jousiu à la santo Biblo.

Croire comme un Juif à la sainte Bible.

(Languedoc.)

4

C'est un bon Israélite.

C'est un homme bon, franc et sincère, craignant Dieu et aimant la justice.

5

a) C'est un homme riche comme un Juif.

C'est-à-dire fort riche.

b) Riche coum' un Juife.

(Bas-Limousin.)

6

C'est un Juif.

On appelle ainsi un usurier, un marchand qui trompe.

7

Alucrit coumo un enfant d'Isaac.

Porté au gain comme un enfant d'Isaac.
(Languedoc.)

8

Avare comme un Juif.
(France, Belgique wallonne.)

9

Avare comme un rabbin.
(Comtat.)

10

Etre en les mains des Juïfs.

C'est-à-dire entre les mains des gens cruels, barbares et impitoyables.

11

a) Aimable coumo un Jusiou.
(Languedoc.)

b) Amistous coumo un Jusiou per lou qu'a pas de gatges.

Aimable comme un Juif quand on ne lui présente pas de gages.
(Languedoc.)

Ces dictons sont ironiques.

12

Prudent coumo un Jusiou.

13

Es esfraiat coumo un Jasiou.
Il est effrayé comme un Juif.
(Languedoc.)

14

A 'na mina de Jasiou.
Il a une mine de Juif.
(Languedoc.)

15

Carut coumo un Jusiu.
Hargneux comme un Juif.
(Languedoc.)

16

Fa 'no caro de Jusiou.
Faire une chère de Juif.
(Languedoc.)

17

a) Juifs en Pasques,
   Mores en nopces,
   Chrétiens en plaidoyers,
   Despendent leurs deniers.

Ce proverbe vient de l'espagnol, comme on le voit par la mention des Maures. En espagnol on dit : « *El judio à perder con pascuas, el moro con bodas y el cristiano con escrituras.* »

b) Où est allé votre argent, ô Juifs ?
Ils ont dit : Dans les sabbats et les fêtes.

(Dicton des Arabes d'Algérie.)

18

Brûler comme un rabbin.

Jeu de mots ; rabbinar, en provençal, signifie brûler.
(Comtat.)

19

C'est de l'hébreu pour moi.

C'est un langage que je ne comprends pas, cela m'est inconnu.

———

SOURCES

CLÉMENT-SIMON — 5 *b.*
FRANCISQUE-MICHEL : *Dict. d'argot* — 1.
LEROUX : *Dict. comique* — 4, 5 *a*, 10, 19.
MIR — 2, 3, 11 *a*, 11 *b*, 12, 13, 14, 15, 16.
Revue des études juives, 1881, p. 293 et 311 — 9, 17 *a*, 18.

Communications de :

MM. HAROU — 8.
R. BASSET — 17 *b.*

LE LATIN

1

Pays latin.

Terme plaisant pour exprimer une université ou tout autre lieu de cette nature.

2

Quand les ânes parleront latin.

C'est-à-dire à une époque très éloignée.

3

Le jour du jugement viendra bientôt, les ânes parlent latin.

Cela se dit quand on entend dire du latin à un ignorant.

4

C'est du latin de bréviaire.

On le dit à un ecclésiastique ignorant qui dit quelques mots de latin, pour lui reprocher qu'il ne sçait autre latin que celui qu'il a appris en lisant son office.

5

C'est du latin de cuisine, il n'y a que les marmitons qui l'entendent.

C'est du méchant latin. La première partie du dicton est seule restée.

6

a) Parler latin devant les Cordeliers.

Se dit quand on parle à des gens plus savants que soi.

b) Parler latin devant des clercs.

On dit aussi en italien :

Parlar latino innanzi ai Jesuiti.
Parler latin devant les Jésuites.

7

Il crache du latin et du grec.

Il en cite beaucoup.

8

Il ne sçait ni grec ni latin.

Se dit quand on veut traiter un homme d'ignorant.

9

Il est fou en français et en latin.

Se dit quand un homme cite mal à propos.

10

a) Perdre son latin.

Ne savoir plus que faire, manquer de moyens, de raisons, parler en vain.

b) Etre au bout de son latin.

Ne savoir plus de quel bois faire flèche, être au bout de son savoir.

SOURCES

Leroux : *Dict. comique* — 1, 2, 3, 4, 5, 6 *a*, 7, 8, 9, 10 *a*, 10 *b*.
Méry — 6 *b*.

———

PAYS MUSULMANS

LES ARABES

1

Un Arabe.

Un créancier, homme dur et inexorable.

2

a) Arabe.

Voleur.

b) Voleur comme un Arabe.
   (Belgique wallonne.)

c) Boulur coumo un Arabo.
   (Languedoc.)

3

Toúti lis Arabe noun soun au desert.

Tous les Arabes ne sont pas au désert.
   (Provence.)

4

Damnat coumo un Rabo (*pour* Arabo).

Damné comme un Arabe.

(Languedoc)

LES BÉDOUINS

5

C'est un Bédouin.

C'est-à-dire un voleur, un pilleur.

Auque Payen ne Turc ne Bédouin
Ne me forfirent vaillant un Angevin.

LES MAROCAINS

6

C'est un Maroquin ; c'est un plaisant Maroquin.

Ce mot est fort injurieux quand on l'applique à un Français ;
il signifie autant que stupide, sauvage, sot.

7

Ces gens aux longs haïks, aux franges de laine,
Quarante d'entre eux témoigneront sur une chose fausse.

(Dicton des Arabes d'Algérie sur leurs voisins les Marocains.)

8

Un révolté de l'Orient vaut mieux que cent Marocains
faisant pénitence.

(Dicton des Arabes d'Algérie.)

LES MAURES

9

Blanc coum' un Mouro.

Blanc comme un Maure.

Ironique.

(Languedoc.)

10

a) Negre coum' un Morou.

Noir comme un Maure.

b) Oquei un Morou.

(Bas-Limousin.)

c) Basanat coumo un Môroul.

(Languedoc.)

11

A laver la tête d'un Maure on perd sa lessive.

Les anciens disaient : *Æthiopem lavas*, „ Tu laves un Ethiopien ", ou *Æthiops non albescit*, „ Un Ethiopien ne se blanchit
pas ", ou *Æthiopem dealbare*, „ Blanchir un Ethiopien ". Ce
proverbe se rencontre dans toutes les langues de l'Europe :
en anglais, en allemand, en hollandais, en italien, en espagnol,
en portugais, en russe, etc.

12

Cap aplatit coumo un Môroul.

Tête aplatie comme un Maure.

(Languedoc.)

LES SARRAZINS

13

a) Li plus engigneor en Sarrazienesme.

Les plus trompeurs sont dans le pays des Sarrazins.
(xiiie siècle.)

b) Enganaire coumo un Sarrasi.
(Languedoc.)

LES TURCS

14

Fort comme un Turc.

Locution née de la force qu'on attribue aux portefaix de Constantinople. Au xviie siècle, cela se disait d'un enfant grand et robuste pour son âge ; actuellement le sens est plus étendu.

15

Fidèl coumo un Turc à l'Alcouran.

Fidèle comme un Turc au Coran.
(Languedoc.)

16

A Turc, Turc et demi.

17

Beure que d'aigo, coumo un Turc.

Ne boire que de l'eau, comme un Turc.
    (Languedoc.)

18

Jura coumo un Turc.

Jurer comme un Turc.
    (Languedoc.)

19

a) Fuma la boufardo coumo un Turc.

Fumer la pipe comme un Turc.
    (Languedoc.)

b) Pipa coumo un Turc.

20

Traiter de Turc à More.

Agir à la rigueur, en ennemi déclaré. Sans doute par allusion à la façon rigoureuse dont les Turcs traitaient les Maures
d'Afrique.

21

C'est un Turc, c'est un vrai Turc.

C'est un homme barbare, inexorable.

22

Traiter quelqu'un à la turque.

C'est-à-dire sans ménagement.

23

Cu non es buon Turc non es buon crestian.

Qui n'est pas bon Turc n'est pas bon chrétien.

(Nice.)

24

Un viei Turc serà giammai un buon crístian.

Un vieux Turc ne sera jamais un bon chrétien.

(Nice.)

25

Quand mesmes le Grand Turc y viendroit.

26

Tête de Turc (et aussi tête de More).

Enclume en forme de tête sur laquelle on frappait pour essayer sa force. On donnait à cette tête la ressemblance d'un Turc, l'ennemi héréditaire de la chrétienté. C'est l'instrument, fréquent dans les foires, qu'on appelle aujourd'hui du nom pédant de dynamomètre. — Prendre quelqu'un pour tête de Turc, c'est en faire le but de tous les coups.

27

Mand à Barut.

Envoyer à Beirout (c.-à-dire au diable).

(Provence.)

28

Aboundous coumo las cebos in Egito.

Abondant comme les sauterelles en Egypte.

(Languedoc.)

SOURCES

CLÉMENT-SIMON — 10 *a*, 10 *b*.
CRAPELET — 13 *a*.
DUEZ — 25.
Inventaire alphabétique du Languedoc — 9.
LEROUX : *Dict. comique* — 1, 2 *a*, 5, 6, 14, 16, 21.
LITTRÉ — 20, 22, 26.
MÉRY — 11.
MIR — 2 *c*, 4, 10 *c*, 12, 13 *b*, 15, 17, 18, 19.
MISTRAL — 27.
TOSELLI — 23, 24.

    Communications de :

MM. BASSET — 7, 8.
    HAROU — 2 *b*.

———

POLOGNE

LA POLOGNE ET LES POLONAIS

1

a) Saoul comme un Polonais.

b) Gris coumo un Poulounés.
(Languedoc.)

c) Ibrougno coumo un Poulounès.
(Languedoc.)

2

Courtés coumo un Poulounés.

Courtois comme un Polonais.

(Languedoc.)

———

SOURCES

Mir — 1 *b*, 1 *c*, 2.

Communication de M. Paul Sébillot — 1 *a*.

———

PORTUGAL

LE PORTUGAL ET LES PORTUGAIS

1

L'Italien est dans la rue, l'Espagnol au balcon, le Portugais chez lui, comme le Turc.

2

La bête sur l'animal,
La monture de Portugal.

(Haute-Bretagne.)

3

Afourtunat coumo un Pourtugalés.

Malheureux comme un Portugais.

(Languedoc.)

SOURCES

Th. Pavie : *Récits de terre et de mer* — 1.
Mir — 3.

Communication de M. Paul Sébillot — 2.

RUSSIE

LA RUSSIE ET LES RUSSES

1

Carut coumo un Russo.

Hargneux comme un Russe.

2

Acos un Russo.

C'est un Russe.

Cela se dit de quelqu'un qui a le caractère difficile.

(Quercy.)

3

Gueux comme Russe.
(Haute-Bretagne.)

———

SOURCES

MIR — 1.

Communications de :

MM. DAYMARD — 2.
Paul SÉBILLOT — 3.

———

SUÈDE

Chvéde.

Un brigand, littéralement *un Suédois.*

Souvenir de la guerre de Trente-Ans.
(Franche-Comté.)

———

SOURCE

CONTEJEAN : *Dict. du patois de Montbéliard.*

———

PAYS DIVERS

1

Cruèl coumo un Cafre.

   (Languedoc.)

2

Bene d'all' Indie.

Biens de l'Inde.

   (Corse.)

3

Faire des croix de Malte.

Jouer par force, n'avoir point de quoi contenter sa faim.
Dit aussi s'ennuyer, trouver le temps long, bâiller.

4

C'est un Ostrogot.

Mot injurieux qui signifie sot, ignorant, stupide.

5

Grand comme un Patagon.

6

Cruèl coumo un Tartaro.

7

Fa'no mino coumo un Tartaro.

Il fait une mine de Tartare.

      (Languedoc.)

————

SOURCES

LEROUX : *Dict. comique* — 3, 4.
MATTEI — 2.
MIR — 1, 6, 7.

Communication de M. Paul SÉBILLOT — 5.

FIN.

ADDITIONS ET CORRECTIONS

_____

P. 3, n° 2, immédiatement après le dicton : *L'empereur d'Allemagne*... ajouter :

Cette sentence, qui s'est modifiée en voyageant, provient d'une parole de l'empereur Maximilien Ier qui aurait dit : « Le roi de France est le roi des ânes, car ses sujets doivent exécuter ses ordres ; — le roi d'Angleterre est le roi des hommes, car il doit ratifier ce que ceux-ci lui imposent ; — et l'Empereur est le roi des Princes, car ceux-ci font ce qui leur plaît ».

P. 23, ajouter :

Il Piemonte e la sepoltura dei Francesi.

Le Piémont est le tombeau des Français.

Souvenir des guerres souvent malheureuses faites par les Français dans la Haute-Italie. On dit de même en allemand et pour la même raison :

Lamparten (Lombardei) ist der Deutschen und Franzosen Kirchhof.
La Lombardie est le cimetière des Allemands et des Français.

On disait de même dans l'Europe orientale :

Valachia tumulus Polonorum.
La Valachie est le tombeau des Polonais.

à la suite de guerres malheureuses des Polonais en Valachie. (Reinsberg–Düringsfeld, II, 91.)

P. 160. — Héricourt a été placé par erreur dans le Doubs ; il appartient à la Haute-Saône.

P. 258. — Plusieurs histoires comiques relatives aux habitants de Saint-Maixent ont déjà été racontées dans la Causerie du journal *Le Français* du 17 mai 1880.

P. 277. — Dans les sources de cette page, le n° 9 est seul de Nostradamus : les autres dictons placés sous son nom doivent être restitués à Mistral.

P. 345 :

Marranos.

Sobriquet des Espagnols au XVII° siècle ; de *marrano* « pou ».

(*Variétés hist. et litt.*, t. IV, p. 70.)

Le lecteur aura remarqué que le Poitou a été placé avant la Picardie, par méprise.

TABLE DES MATIÈRES

VERSAILLES, IMPRIMERIE CERF ET FILS, RUE DUPLESSIS, 59.

INTERNATIONAL FOLKLORE

An Arno Press Collection

Allies, Jabez. **On The Ancient British, Roman, and Saxon Antiquities and Folk-Lore of Worcestershire.** 1852

Blair, Walter and Franklin J. Meine, editors. **Half Horse Half Alligator.** 1956

Bompas, Cecil Henry, translator. **Folklore of the Santal Parganas.** 1909

Bourne, Henry. **Antiquitates Vulgares; Or, The Antiquities of the Common People.** 1725

Briggs, Katharine Mary. **The Anatomy of Puck.** 1959

Briggs, Katharine Mary. **Pale Hecate's Team.** 1962

Brown, Robert. **Semitic Influence in Hellenic Mythology.** 1898

Busk, Rachel Harriette. **The Folk-Songs of Italy.** 1887

Carey, George. **A Faraway Time and Place.** 1971

Christiansen, Reidar Th. **The Migratory Legends.** 1958

Clouston, William Alexander. **Flowers From a Persian Garden, and Other Papers.** 1890

Colcord, Joanna Carver. **Sea Language Comes Ashore.** 1945

Dorson, Richard Mercer, editor. **Davy Crockett.** 1939

Douglas, George Brisbane, editor. **Scottish Fairy and Folk Tales.** 1901

Gaidoz, Henri and Paul Sébillot. **Blason Populaire De La France.** 1884

Gardner, Emelyn Elizabeth. **Folklore From the Schoharie Hills, New York.** 1937

Gill, William Wyatt. **Myths and Songs From The South Pacific.** 1876

Gomme, George Laurence. **Folk-Lore Relics of Early Village Life.** 1883

Grimm, Jacob and Wilhelm. **Deutsche Sagen.** 1891

Gromme, Francis Hindes. **Gypsy Folk-Tales.** 1899

Hambruch, Paul. **Faraulip.** 1924

Ives, Edward Dawson. **Larry Gorman.** 1964

Jansen, William Hugh. **Abraham "Oregon" Smith.** 1977

Jenkins, John Geraint. **Studies in Folk Life.** 1969

Kingscote, Georgiana and Pandit Natêsá Sástrî, compilers. **Tales of the Sun.** 1890

Knowles, James Hinton. **Folk-Tales of Kashmir.** 1893

Lee, Hector Haight. **The Three Nephites.** 1949

MacDougall, James, compiler. **Folk Tales and Fairy Lore in Gaelic and English.** 1910

Mather, Increase. **Remarkable Providences Illustrative of the Earlier Days of American Colonisation.** 1856

McNair, John F.A. and Thomas Lambert Barlow. **Oral Tradition From the Indus.** 1908

McPherson, Joseph McKenzie. **Primitive Beliefs in the North-East of Scotland.** 1929

Miller, Hugh. **Scenes and Legends of the North of Scotland.** 1869

Müller, Friedrich Max. **Comparative Mythology.** 1909

Palmer, Abram Smythe. **The Samson-Saga and Its Place in Comparative Religion.** 1913

Parker, Henry. **Village Folk-Tales of Ceylon.** Three volumes. 1910-1914

Parkinson, Thomas. **Yorkshire Legends and Traditions.** 1888

Perrault, Charles. **Popular Tales.** 1888

Rael, Juan B. **Cuentos Españoles de Colorado y Nuevo Méjico.** Two volumes. 1957

Ralston, William Ralston Shedden. **Russian Folk-Tales.** 1873

Rhys Davids, Thomas William, translator. **Buddhist Birth Stories; Or, Jātaka Tales.** 1880

Ricks, George Robinson. **Some Aspects of the Religious Music of the United States Negro.** 1977

Swynnerton, Charles. **Indian Nights' Entertainment, Or Folk-Tales From the Upper Indus.** 1892

Sydow, Carl Wilhelm von. **Selected Papers on Folklore.** 1948

Taliaferro, Harden E. **Fisher's River (North Carolina) Scenes and Characters.** 1859

Temple, Richard Carnac. **The Legends of the Panjâb.** Three volumes. 1884-1903

Tully, Marjorie F. and Juan B. Rael. **An Annotated Bibliography of Spanish Folklore in New Mexico and Southern Colorado.** 1950

Wratislaw, Albert Henry, translator. **Sixty Folk-Tales From Exclusively Slavonic Sources.** 1889

Yates, Norris W. **William T. Porter and the Spirit of the Times.** 1957